A-Z CHELTENHAM & GLOUCESTER

Key to Maps

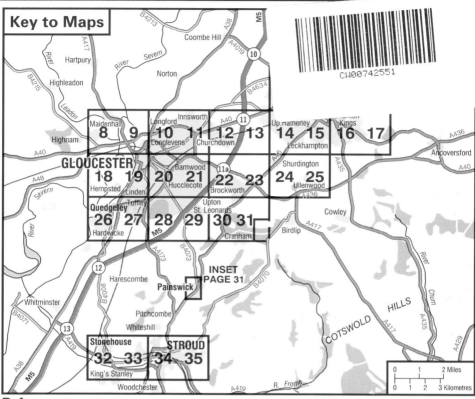

0	1	2 Miles
0	1	2	3 Kilometres

Reference

Motorway	M5	
A Road	A40	
Under Construction		
Proposed		
B Road	B4063	
Dual Carriageway		
One Way Street	Traffic flow on A Roads is indicated by a heavy line on the driver's left.	→
Pedestrianized Road		
Restricted Access		
Track / Footpath		

Residential Walkway	··········
Railway	Tunnel / Level Crossing / Station
Built Up Area	HIGH STREET
Local Authority Boundary	— · · —
Posttown Boundary	
Postcode Boundary Within Posttown	
Map Continuation	▲ 12
Car Park (Selected)	P
Church or Chapel	†

Electricity Transmission Line	⊠—⊠
Fire Station	■
Hospital	Ⓗ
House Numbers (Selected Rds.)	4 22 36
Information Centre	🛈
National Grid Reference	383
Places of Interest	
Police Station	▲
Post Office	★
Toilet	▽
with Disabled Facilities	♿

Scale

4 inches (10.16 cm) to 1 mile
1:15,840   6.31 cm to 1 km

0	¼	½ Mile		
0	250	500	750 Metres	1 Kilometre

Geographers' A-Z Map Company Ltd.

Head Office :
Fairfield Road, Borough Green, Sevenoaks, Kent TN15 8PP
Tel: 01732 781000
Showrooms :
44 Gray's Inn Road, London WC1X 8HX
Tel: 020 7440 9500

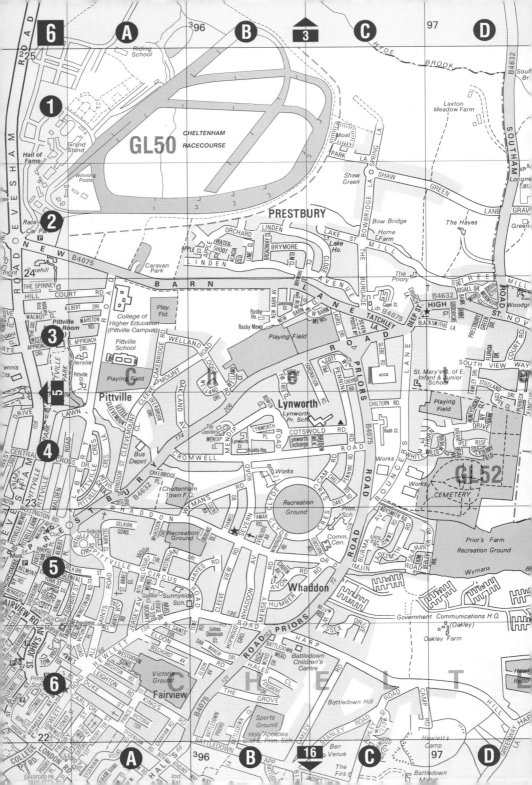

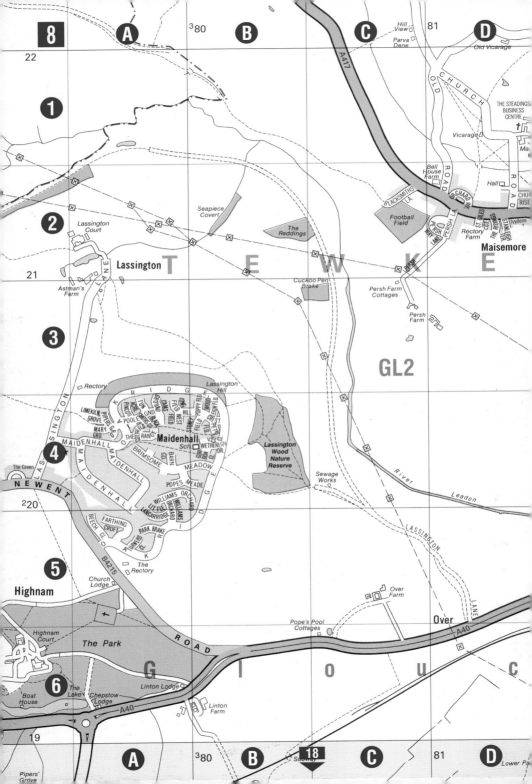

E 98 F 7 G 99 H 22

1

Reservoir
(covered)

Lodge

Waterfall

Oakfield
Farm

Glenfall
House

Arle
Grove

Glenfall
Fm.

H A M

Ham Hill
North

2

Wood
Farm

Old Ham
House

R O A D

21

The
White House

Ham Hill
South

Ham Hill
Farm

N H A M M

3

Hydraulic
Ram

Colgate
Farm

Longfield

Detmore
House

DOWDESWELL
WOOD

Wellinghill
House

4

Wellinghill
Bungalow

n h a m

GL54

Scobb
Grove

Balcarras
Farm

A40

Old
Coxhorne

220

Nursery

COTSWOLD

Coxhorne
Farm

River

Depot

Chelt

A40

5

Whithorne

Filter
Tanks

Salts
Farm

Swimming
Pool

Water
Works

Valve
Tower

Dowdeswell
Reservoir

CAPEL LA.

Rossley
Manor

Tennis
Court

Swimming
Pool

6

19

Lineover Wood
Nature Reserve

Castle Barn
Farm

E 98 F G 99 H

18

219

Pipers' Grove

A

Linton Farm

³80

B

Subway

8

C

81

Lower Parting

D

1

Highnam Bridge

Reservoir

Cattle Grid

The Downs

Cattle Grid

Appithorne

Upper Moorcroft Farm

2

T E W K E S B U R Y

Middle Moorcroft Farm

R I V E R

S E V E R N

18

Murcott Farm

3

Moorcroft House

Upper Ham Green

Public Refuse Tip

G L O

Clark's Cottage

4

G I O U C

17

Her C. of

RECTORY

CHARTWELL CL.

CL.

GL2

Hempsted

5

Minsterworth Ham

Oak Cott

Coppins

Lowlands

6

The Rea

S E V E R N

R E A

Upper Rea

Netheridge Farm

16

NETHERIDGE CL.

A

³80

B

26

C

Middle Rea

81

D

Corn Ham

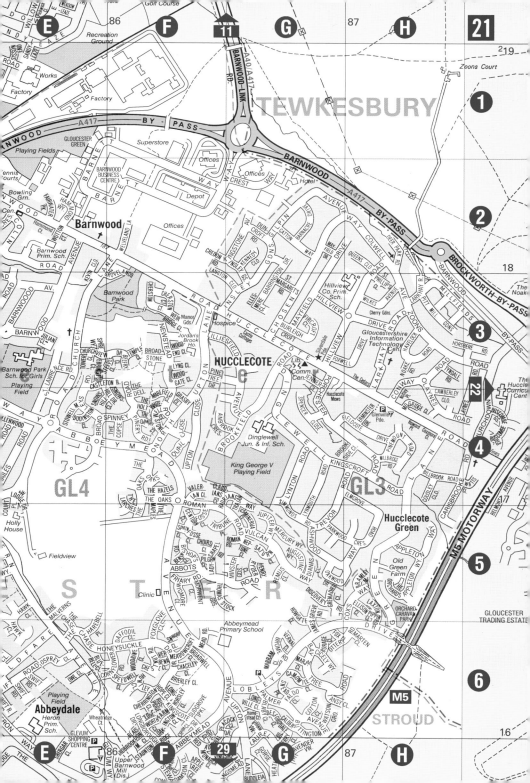

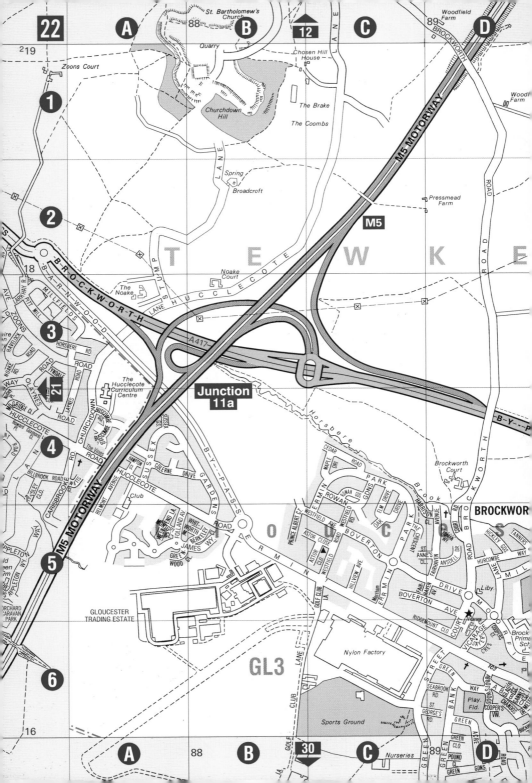

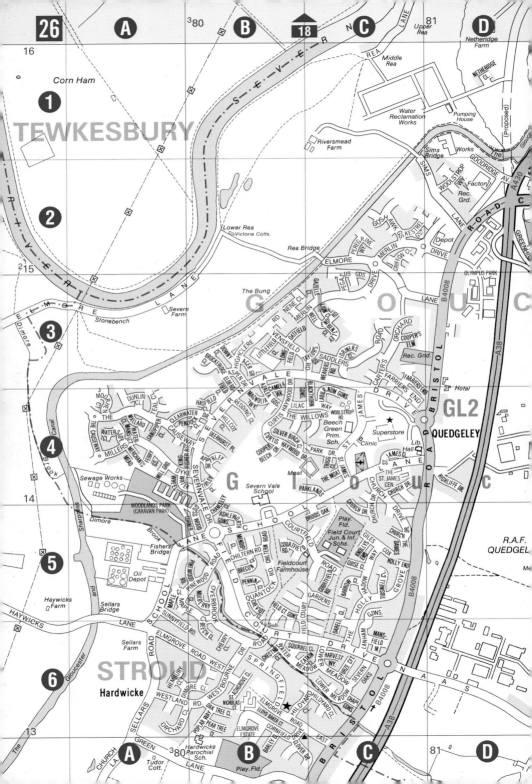

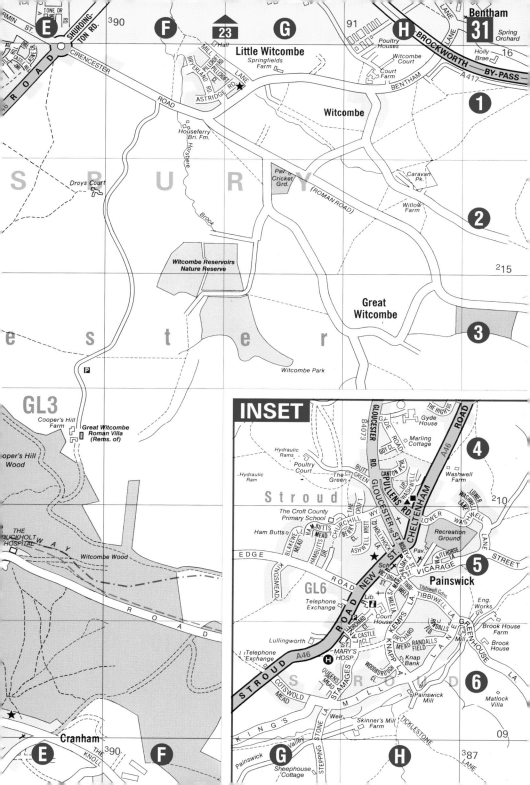

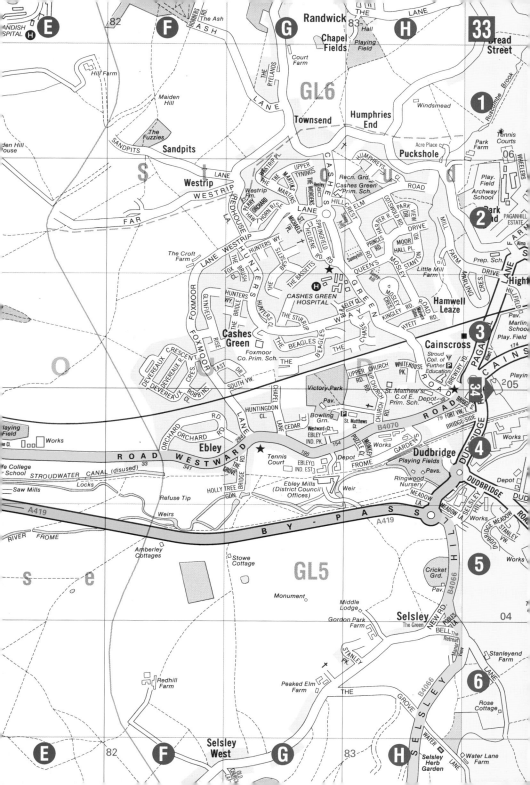

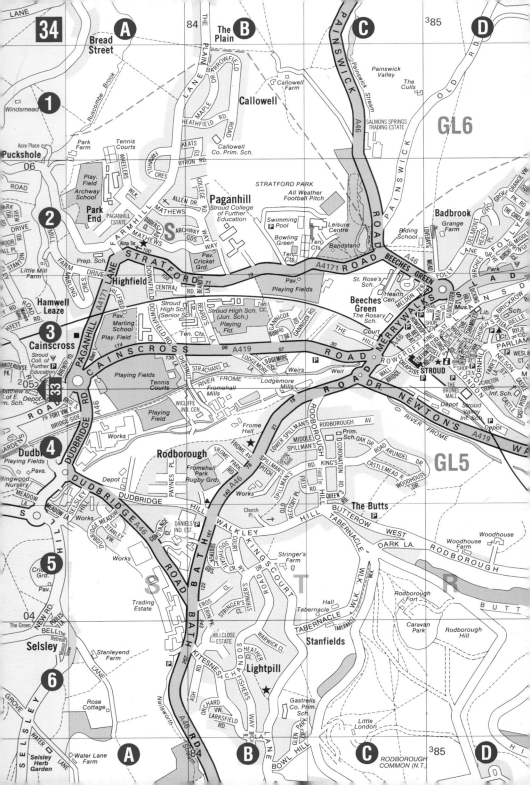

INDEX TO PLACES & AREAS

with their map square reference

NOTES

1. Names in this Index shown in CAPITAL LETTERS followed by their Postcode District(s), are Postal Addresses.

2. The places & areas index reference indicates the approximate centre of the town or place and not where the name occurs on the map.

ABBEYDALE. (GL4) —6E **21**
Alstone. —5E **5**
Arle. —3C **4**

Badbrook. —2D **34**
BADGEWORTH. (GL51) —4F **13**
Bafford. —4B **16**
BARNWOOD. (GL3 & GL4) —2E **21**
BATTLEDOWN. (GL50 & GL52) —6B **6**
Bayshill. —6F **5**
Beeches Green. —3C **34**
Benhall. —1A **14**
BENTHAM. (GL3) —6H **23**
BISHOP'S CLEEVE. (GL52) —1F **3**
Bondend. —2G **29**
BOWBRIDGE. (GL5) —5E **35**
Bread Street. —1A **34**
BRIDGEND. (GL10) —4B **32**
Brockhampton. —4B **2**
BROCKWORTH. (GL3 & GL4) —5D **22**
Butterrow. —5E **35**
Butts, The. —5C **34**

CAINSCROSS. (GL5) —3H **33**
Callowell. —1B **34**
CASHES GREEN. (GL5) —2G **33**
Chapel Fields. —1G **33**
CHARLTON KINGS. (GL52 to GL54) —3H **15**
Charlton Park. —2A **16**
CHELTENHAM. (GL50 to GL54) —5F **5**
CHURCHDOWN. (GL3) —5C **12**
Coltham Fields. —1B **16**
Coney Hill. —4D **20**
Crab End. —4C **16**
CRANHAM. (GL4) —6E **31**
Cranham Corner. —6B **30**
Crickley Hill. —6D **24**
Crippets. —2D **24**
Cudnall. —3B **16**

DUDBRIDGE. (GL5) —4A **34**

East End. —4D **16**

EBLEY. (GL5) —4G **33**
Elmbridge. —1D **20**

Fairview. —6H **5**
Far Thrupp. —6F **35**
Fiddler's Green. —5A **4**

GLOUCESTER. (GL1 to GL4 & GL19) —4A **20**
GREAT WITCOMBE. (GL3) —3H **31**
Green Street. —2D **30**

Ham. —2D **16**
Hamwell Leaze. —3H **33**
HARDWICKE. (GL2) —6B **26**
Hatherley. —2B **14**
HEMPSTED. (GL2) —5E **19**
Henley. —6F **23**
Highfield. —3A **34**
HIGHNAM. (GL2) —6A **8**
High Orchard. —3G **19**
HUCCLECOTE. (GL3) —3G **21**
Hucclecote Green. —5H **21**
Humphries End. —1H **33**

INNSWORTH. (GL2 & GL3) —3E **11**

Kingsholm. —6A **10**
KING'S STANLEY. (GL10) —6D **32**

Lansdown. —1E **15**
Lassington. —2A **8**
LECKHAMPTON. (GL51 & GL53) —5G **15**
LEONARD STANLEY. (GL10) —6B **32**
LIGHTPILL. (GL5) —6B **34**
Linden. —5G **19**
Little Herbert's. —4C **16**
LITTLE SHURDINGTON. (GL51) —4A **24**
LITTLE WITCOMBE. (GL3) —1G **31**
LONGFORD. (GL2) —3A **10**
LONGLEVENS. (GL2) —5E **11**

Lower Tuffley. —3F **27**
Lynworth. —4B **6**

Maidenhall. —4A **8**
MAISEMORE. (GL2) —2D **8**
Marle Hill. —3G **5**
MATSON. (GL4) —2C **28**
Maud's Elm. —3E **5**
MIDDLE LYPIATT. (GL6) —4H **35**
Montpellier. —1F **15**
Moor End. —4A **16**
    (Cheltenham)
Moor End. —5G **29**
    (Stroud)
Mount Pleasant. —3F **35**

Noverton. —3E **7**

OVER. (GL2) —5C **8**
Overton Park. —6F **5**

PAGANHILL. (GL5) —2A **34**
PAINSWICK. (GL6) —5H **31**
Park End. —2A **34**
Park, The. —2F **15**
Pilley. —5G **15**
Pitville. —4A **6**
Plain, The. —1B **34**
PODSMEAD. (GL2) —1G **27**
Pool Meadow. —6F **9**
PRESTBURY. (GL50 & GL52) —3D **6**
Puckshole. —1H **33**

QUEDGELEY. (GL1 & GL2) —4C **26**

RANDWICK. (GL6) —1G **33**
REDDINGS, THE. (GL51) —2H **13**
Robinswood. —6B **20**
RODBOROUGH. (GL5) —4B **34**
Rowanfield. —5D **4**
RYEFORD. (GL10) —4D **32**
Ryeworth. —2C **16**

Saintbridge. —6C **20**
ST MARK'S. (GL51) —6B **4**
St Paul's. —4G **5**
    (Cheltenham)
St Paul's. —3G **19**
    (Gloucester)
St Peter's. —3E **5**
Sandfields. —4D **4**
Sandpits. —1F **33**
SELSLEY. (GL5) —6H **33**
SELSLEY WEST. (GL5) —6F **33**
SHURDINGTON. (GL51) —1B **24**
SOUTHAM. (GL52) —5H **3**
Spring Bottom. —3C **16**
Stanfields. —6C **34**
STANLEY DOWNTON. (GL10) —5B **32**
STONEHOUSE. (GL10) —3C **32**
STROUD. (GL5 & GL6) —3D **34**
Stroud Hill. —3E **35**
SWINDON. (GL51) —1D **4**

THRUPP. (GL5) —5F **35**
Tivoli. —2F **15**
Townsend. —1G **33**
Tredworth. —5B **20**
TUFFLEY. (GL4) —3G **27**

UCKINGTON. (GL51) —1A **4**
ULLENWOOD. (GL53) —4E **25**
UP HATHERLEY. (GL51) —4B **14**
UPLANDS. (GL5) —2E **35**
UPTON ST LEONARDS. (GL4) —3G **29**

Vineyards, The. —5D **4**

WALHAM. (GL2) —4G **9**
Walham Green. —4G **9**
Warden Hill. —3C **14**
WESTRIP. (GL6) —2F **33**
Whaddon. —5B **6**
Wheatridge. —2E **29**
WITCOMBE. (GL3) —1H **31**
WOODMANCOTE. (GL52) —2H **3**
Wotton. —1B **20**

INDEX TO STREETS

HOW TO USE THIS INDEX

1. Each street name is followed by its Posttown or Postal Locality and then its map reference; e.g. Abbeymead Av. *Abb* —4E **21** is in the Abbeymead Postal Locality and is to be found in square 4E on page **21**. The page number being shown in bold type.
   A strict alphabetical order is followed in which Av., Rd., St., etc. (though abbreviated) are read in full and as part of the street name; e.g. Aldershaw Clo. appears after Alders Grn. but before Alders, The.

2. Streets and a selection of Subsidiary names not shown on the Maps, appear in the index in *Italics* with the thoroughfare to which it is connected shown in brackets; e.g. *All Saint's Ct. Chel* —5H **5** (off All Saint's Rd.)

GENERAL ABBREVIATIONS

All : Alley	Cir : Circus	Ho : House	Pas : Passage
App : Approach	Clo : Close	Ind : Industrial	Pl : Place
Arc : Arcade	Comn : Common	Junct : Junction	Quad : Quadrant
Av : Avenue	Cotts : Cottages	La : Lane	Rd : Road
Bk : Back	Ct : Court	Lit : Little	S : South
Boulevd : Boulevard	Cres : Crescent	Lwr : Lower	Sq : Square
Bri : Bridge	Dri : Drive	Mnr : Manor	Sta : Station
B'way : Broadway	E : East	Mans : Mansions	St : Street
Bldgs : Buildings	Embkmt : Embankment	Mkt : Market	Ter : Terrace
Bus : Business	Est : Estate	M : Mews	Trad : Trading
Cvn : Caravan	Gdns : Gardens	Mt : Mount	Up : Upper
Cen : Centre	Ga : Gate	N : North	Vs : Villas
Chu : Church	Gt : Great	Pal : Palace	Wlk : Walk
Chyd : Churchyard	Grn : Green	Pde : Parade	W : West
Circ : Circle	Gro : Grove	Pk : Park	Yd : Yard

POSTTOWN AND POSTAL LOCALITY ABBREVIATIONS

A'dle : Abbeydale	*Dwn H* : Down Hatherley	*L Mills* : Lower Mills	*Sthm* : Southam
Abb : Abbeymead	*Dud* : Dudbridge	*Mais* : Maisemore	*S'hse* : Stonehouse
Badg : Badgeworth	*Ebl* : Ebley	*Mat* : Matson	*Stro* : Stroud
Barn : Barnwood	*Glos* : Gloucester	*Nor* : Norton	*Stro B* : Stroudwater Bus. Pk.
Bat : Battledown	*Hard* : Hardwicke	*Olde* : Oldends	*Swin* : Swindon
B'hm : Bentham	*H'std* : Hempsted	*Pag* : Paganhill	*Swin V* : Swindon Village
Bis C : Bishops Cleeve	*H'nam* : Highnam	*Pain* : Painswick	*Thr* : Thrupp
Bow : Bowbridge	*Huc* : Hucclecote	*Pod* : Podsmead	*Tuf* : Tuffley
Brockw : Brockworth	*Inn* : Innsworth	*Pres* : Prestbury	*Uck* : Uckington
Brook : Brookthorpe	*K'ct* : Kingscourt	*Qued* : Quedgeley	*Ull* : Ullenwood
Cain : Cainscross	*King T* : Kingsditch Trad. Est.	*Rand* : Randwick	*Up Hat* : Up Hatherley
C Grn : Cashes Green	*K Stan* : Kings Stanley	*Red T* : Reddings, The	*Upl* : Uplands
Char K : Charlton Kings	*L'dwn* : Lansdown	*Rod* : Rodborough	*Upton L* : Upton St. Leonards
Chel : Cheltenham	*L'hptn* : Leckhampton	*Rye* : Ryeford	*Wtrp* : Westrip
C'dwn : Churchdown	*Leon S* : Leonard Stanley	*Sandh* : Sandhurst	*Whad* : Whaddon
C Hill : Cleeve Hill	*L'pll* : Lightpill	*Sel* : Selsley	*W'hll* : Whiteshill
Cran : Cranham	*Long* : Longford	*Sel E* : Selsley East	*Wit* : Witcombe
Doc T : Docks, The	*Longl* : Longlevens	*Shur* : Shurdington	*W'cte* : Woodmancote

INDEX TO STREETS

Abbeyholme. *Chel* —6F **5**
Abbeymead Av. *Abb* —4E **21**
Abbey Rd. *H'std* —3F **19**
Abbots Clo. *Chel* —5E **15**
Abbots M. *Bis C* —3D **2**
Abbots Rd. *Abb* —5F **21**
Abbots Way. *S'hse* —4B **32**
Abbotswood Clo. *Tuf* —2G **27**
Abbotswood Rd. *Brockw* —6D **22**
Acacia Clo. *Pres* —2B **6**
Acacia Ct. *Chel* —5A **4**
Acacia Pk. *Bis C* —1C **2**
Acer Gro. *Qued* —3B **26**
Acomb Cres. *Char K* —3C **16**
Acre Pl. *Stro* —1H **33**
Acre St. *Stro* —3D **34**
Addis Rd. *Chel* —4E **5**
Adelaide Gdns. *S'hse* —1B **32**
Adelaide St. *Glos* —4B **20**
Admiral Clo. *Chel* —5A **4**
Aesops Orchard. *W'cte* —2H **3**
Aggs Hill. *Chel* —6E **7**
Albany. *S'hse* —1B **32**
Albany Rd. *Chel* —2E **15**
Albany St. *Glos* —4A **20**
(in two parts)
Albemarle Ga. *Chel* —3G **5**
Albemarle Rd. *C'dwn* —4C **12**
Albert Dri. *Chel* —3A **6**
Albert La. *Chel* —4G **5**
Albert Pl. *Chel* —5H **5**
Albert Rd. *Chel* —4A **6**
Albert St. *Chel* —4G **5**
Albert St. *Glos* —2A **20**
Albert Ter. *Stro* —3A **34**
Albion Pl. *Chel* —5H **5**
Albion St. *Chel* —5H **5**
(in two parts)
Albion St. *Glos* —2G **19**
Albion Ter. *L Mills* —4B **32**
Albion Wlk. *Glos* —5G **5**
Alder Clo. *Glos* —5D **10**
Alder Ct. *Chel* —5A **4**
Aldergate St. *S'hse* —3C **32**

Aldergate Ter. *S'hse* —3C **32**
Alders Grn. *Glos* —4C **10**
Aldershaw Clo. *Up Hat* —3A **14**
Alders, The. *Chel* —5E **15**
Alderton Clo. *Abb* —1F **29**
Alderton Rd. *Chel* —1B **14**
Aldridge Clo. *Chel* —4F **5**
Alexandra Rd. *Glos* —6B **10**
Alexandra St. *Chel* —2E **15**
Alexandra Wlk. *Chel* —5C **6**
Alfred St. *Glos* —3B **20**
Alington Clo. *Glos* —2B **20**
Allandale Clo. *Glos* —5D **10**
Allen Dri. *Stro* —2A **34**
Allenfield Rd. *Chel* —4F **15**
All Saint's Ct. Chel —5H **5**
(off All Saint's Rd.)
All Saints' Rd. *Chel* —6A **6**
All Saints' Rd. *Glos* —3A **20**
All Saints Rd. *Stro* —2E **35**
All Saints' Ter. *Chel* —6A **6**
All Saints' Vs. Rd. *Chel* —6A **6**
Alma Clo. *Chel* —4H **5**
Alma Pl. *Glos* —4G **19**
Alma Rd. *Chel* —3C **14**
Alma St. *Glos* —4G **19**
Alma Ter. *Glos* —4G **19**
Almond Clo. *A'dle* —2E **29**
Almond Ct. *Chel* —5A **4**
Alney Ter. *Glos* —6F **9**
Alpine Clo. *Chel* —5C **20**
Alstone Av. *Chel* —5E **5**
Alstone Croft. *Chel* —5E **5**
Alstone La. *Chel* —4C **4**
Althorp Clo. *Tuf* —3E **27**
Alverton Dri. *Bis C* —3D **2**
Alvin St. *Glos* —1H **19**
Amaranth Way. *Up Hat* —4C **14**
Amber Clo. *Tuf* —2F **27**
Amberley Rd. *Chel* —5B **4**
Amberley Rd. *Mat* —6C **20**
Ambrose Pl. *Chel* —5G **5**
Ambrose St. *Chel* —5G **5**
Anbrook Cres. *Huc* —4G **21**

Anderson Clo. *W'cte* —2G **3**
Anderson Dri. *S'hse* —3C **32**
Andorra Way. *C'dwn* —3A **12**
Andover Rd. *Chel* —1E **15**
Andover St. *Chel* —2F **15**
Andover Ter. *Chel* —1F **15**
Andover Wlk. *Chel* —2F **15**
Anlaby Ct. *Chel* —4H **5**
Ann Edwards M. A'dle —1E **29**
(off Wayridge, The)
Anne Goodriche Clo. *Pres* —3D **6**
Anne Hathaway Dri. *C'dwn* —4D **12**
Ansdell Dri. *Brockw* —5D **22**
Ansell Clo. *Chel* —3C **14**
Apperley Dri. *Qued* —4B **26**
Apple Clo. *Pres* —2B **6**
Apple Orchard. *Pres* —2B **6**
Appleton Av. *Red T* —3G **13**
Appleton Way. *Huc* —5H **21**
Apple Tree Clo. *Abb* —1F **29**
Apple Tree Clo. *C'dwn* —2H **11**
Apple Tree Clo. *W'cte* —3H **3**
Aragon Way. *C'dwn* —2G **11**
Arcade, The. *Chel* —6H **5**
Archdeacon Ct. *Glos* —1G **19**
Archdeacon St. *Glos* —1G **19**
Archibald St. *Glos* —3A **20**
Archway Gdns. *Stro* —2B **34**
Arden Rd. *Chel* —4F **15**
Ardmore Clo. *Tuf* —3H **27**
Argyll Pl. *Glos* —1C **20**
Argyll Rd. *Chel* —1A **16**
Argyll Rd. *Glos* —1C **20**
Ariel Lodge Rd. *Chel* —5A **6**
Arkle Clo. *Chel* —2F **5**
Arle Av. *Chel* —5E **5**
Arle Clo. *Chel* —5E **5**
Arle Ct. *Chel* —1H **13**
Arle Dri. *Chel* —5D **4**
Arle Gdns. *Chel* —5E **5**
Arle Rd. *Chel* —4D **4**
Arlingham. *Up Hat* —4B **14**
Arlingham Rd. *Tuf & Saul* —1G **27**
Armada Clo. *C'dwn* —2G **11**

Armscroft Ct. *Glos* —2D **20**
Armscroft Cres. *Glos* —1C **20**
Armscroft Gdns. *Glos* —2C **20**
Armscroft Pl. *Glos* —2C **20**
Armscroft Rd. *Glos* —2D **20**
Armscroft Way. *Glos* —2C **20**
Arreton Av. *Glos* —5D **20**
Arrowhead Clo. *Glos* —1C **28**
Arthur St. *Glos* —2H **19**
Arundel Clo. *Tuf* —4F **27**
Arundel Dri. *Stro* —4C **34**
Arundell Mill La. *Stro* —4E **35**
Ascot Ct. *Glos* —3B **20**
Ash Clo. *Char K* —5C **16**
Ashcot M. *Up Hat* —4B **14**
Ashcroft Clo. *Mat* —3E **29**
Ashfield Clo. *Bis C* —2F **3**
Ashford Rd. *Chel* —2F **15**
Ash Gro. *Upton L* —2F **29**
Ashgrove Av. *Glos* —5D **20**
Ashgrove Clo. *Hard* —6B **26**
Ashgrove Way. *Glos* —4D **20**
Ashlands Clo. *Chel* —4B **4**
Ashlands Rd. *Chel* —4B **4**
Ash La. *Rand* —1F **33**
Ashlea Meadow. *Bis C* —1C **2**
Ashleigh La. *C Hill* —4H **3**
Ashleworth Gdns. *Qued* —5B **26**
Ashley Clo. *Char K* —2C **16**
Ashley Rd. *Char K* —2C **16**
Ashmead. *Glos* —4C **10**
Ashmore Rd. *Glos* —1A **28**
Ashover La. *Chel* —2F **15**
Ash Path, The. *A'dle* —1E **29**
(in three parts)
Ash Rd. *L'pll* —6B **34**
Ashton Clo. *A'dle* —2F **29**
Ashville Clo. *Glos* —6E **19**
Ashville Rd. *Glos* —6F **19**
Ashville Ind. Est. *Glos* —6F **19**
Ashville Trad. Est. *Chel* —2D **4**
Ashwell. *Pain* —5H **31**
Ashwood Way. *Huc* —5G **21**
Askwith Rd. *Glos* —5C **20**

Aspen Dri. *Qued* —3B **26**
Asquith Rd. *Chel* —3H **15**
Aston Gro. *Chel* —5A **4**
Astridge Rd. *Wit* —1F **31**
Asylum La. *Glos* —1B **20**
Athelney Way. *Chel* —1A **16**
Atherstone Rd. *Chel* —4A **4**
Atherton Clo. *Shur* —1A **24**
Attwood Clo. *Chel* —2B **4**
Augustine Way. *Abb* —5G **21**
Austin Dri. *Long* —3A **10**
Avebury Clo. *Tuf* —3E **27**
Avenall Pde. *Chel* —1A **16**
(in two parts)
Avening Rd. *Glos* —6A **20**
Avenue Ter. *S'hse* —3A **32**
Avenue, The. *Char K* —4H **15**
Avenue, The. *C'dwn* —4C **12**
Avenue, The. *Longl* —5E **11**
Avon Cres. *Brockw* —6E **23**
Avon Rd. *Chel* —5B **6**
Awdry Way. *Tuf* —3G **27**
Awebridge Way. *Glos* —1D **28**
Aycote Clo. *Glos* —6C **20**
Ayland Gdns. *Glos* —3B **20**
Aylton Clo. *Up Hat* —3A **14**
Aysgarth Av. *Up Hat* —4B **14**
Azalea Dri. *Up Hat* —4C **14**
Azalea Gdns. *Qued* —4B **26**

Bk. Albert Pl. *Chel* —5H **5**
Bk. Montpellier Ter. *Chel* —1F **15**
Bader Av. *C'dwn* —4B **12**
Badger Clo. *Abb* —6F **21**
Badger Vale Ct. *Pod* —6F **19**
Badgeworth La. *Badg* —6G **13**
Badgeworth Rd. *Chel* —4F **13**
Badminton Clo. *L'hptn* —3G **15**
Badminton Rd. *Mat* —6C **20**
Bafford Clo. *Char K* —5A **16**
Bafford Gro. *Char K* —5A **16**
Bafford La. *Char K* —5A **16**
Bakehouse La. *Chel* —2E **15**
Baker St. *Chel* —4F **5**
Baker St. *Glos* —3G **19**
Bala Rd. *Chel* —3C **14**
Balcarras. *Char K* —4D **16**
Balcarras Gdns. *Char K* —4D **16**
Balcarras Retreat. *Char K* —4D **16**
Balcarras Rd. *Char K* —4D **16**
Balfour Rd. *Glos* —4G **19**
Ballinode Clo. *Chel* —2E **5**
Ballinska M. *Longl* —4E **11**
Bamfurlong La. *Chel* —1D **12**
Baneberry Rd. *Abb* —6B **20**
Banebury Ct. *Glos* —1B **28**
Bank, The. *Pres* —3D **6**
Barbican Rd. *Glos* —1G **19**
Barbican Way. *Glos* —1G **19**
Barker's Leys. *Bis C* —1F **3**
Barley Clo. *Cam* —2A **4**
Barley Clo. *Hard* —6B **26**
Barleycroft Rd. *Mat* —3E **29**
Barlow Clo. *S'hse* —3B **32**
Barlow Rd. *Chel* —3C **4**
Barnaby Clo. *Glos* —4A **20**
Barnacre Dri. *Huc* —2G **21**
Barn Clo. *A'dle* —1F **29**
Barnes Wallis Way. *C'dwn* —4B **12**
Barnett Clo. *Chel* —2B **4**
Barnett Way. *Barn* —2E **21**
Barn Ground. *H'nam* —4A **8**
Barnhay. *C'dwn* —5B **12**
Barnwood Av. *Glos* —3E **21**
Barnwood Bus. Cen. *Barn* —2D **21**
Barnwood By-Pass. *Barn & Huc* —1E **21**
Barnwood Link Rd. *Glos* —5F **11**
Barnwood Rd. *Glos* —1C **20**
Barrack Sq. *Glos* —1G **19**
Barratts Mill La. *Chel* —6H **5**
Barrington Av. *Red T* —2G **13**
Barrington Dri. *Huc* —3G **21**
Barrow Clo. *Qued* —5C **26**
Barrowfield Rd. *Stro* —1B **34**
Barrow Hill. *C'dwn* —6C **12**
Barton Clo. *Char K* —5B **16**
Barton St. *Glos* —2A **20**
Barton Way. *Up Hat* —3B **14**
Barwick Rd. *Up Hat* —4C **14**
Base La. *Sandh* —1G **9**
Basil Clo. *A'dle* —1E **29**
Bassetts, The. *Stro* —3G **33**
Bateman Clo. *Tuf* —4G **27**

Batheaze. *K Stan* —6D **32**
Bath Pde. *Chel* —1H **15**
Bath Rd. *Chel* —2G **15**
Bath Rd. *Leon S* —6B **32**
Bath Rd. *S'hse* —3C **32**
Bath Rd. *Stro* —5B **34**
Bath St. *Chel* —6H **5**
Bath St. *Stro* —3D **34**
Bath Ter. *Chel* —2G **15**
Bathurst Rd. *Glos* —5A **20**
Bathville M. *Chel* —1G **15**
Battledown App. *Chel* —1B **16**
Battledown Clo. *Chel* —6B **6**
Battledown Dri. *Chel* —1B **16**
Battledown Mead. *Chel* —6B **6**
Battledown Priors. *Chel* —6B **6**
Baynham Way. *Chel* —5G **5**
Bayshill La. *Chel* —6F **5**
Bayshill Rd. *Chel* —1F **15**
Bay Tree Clo. *Abb* —6G **21**
Bazeley Rd. *Mat* —3C **28**
Beacon Rd. *Mat* —3C **28**
Beagles, The. *C Grn* —3G **33**
Beale Rd. *Chel* —4A **4**
Beard's La. *Stro* —3B **34**
(in two parts)
Bearland. *Glos* —1G **19**
Beaufort Ho. *Glos* —3H **19**
Beaufort La. *Chel* —2A **16**
Beaufort Rd. *Char K* —2B **16**
Beaufort Rd. *Glos* —6A **20**
(in two parts)
Beaumont Dri. *Chel* —3A **4**
Beaumont Rd. *Chel* —3A **4**
Beaumont Rd. *Longl* —4D **10**
Beckford Rd. *Abb* —1F **29**
Beckside Ct. *Glos* —2A **20**
Bedford Av. *Chel* —5C **4**
Bedford Pl. *Stro* —3D **34**
Bedford St. *Glos* —2A **20**
Beech Clo. *Hard* —6B **26**
Beech Clo. *H'nam* —5A **8**
Beech Clo. *Pres* —3E **7**
Beechcroft Rd. *Longl* —4B **10**
Beeches Clo. *K Stan* —6D **32**
Beeches Grn. *Stro* —2C **34**
Beeches Rd. *Char K* —5C **16**
Beechurst Av. *Chel* —6A **6**
Beechurst Way. *Bis C* —1C **2**
Beechwood Clo. *Chel* —1G **15**
Beechwood Gro. *Tuf* —2H **27**
Beechwood Pl. *Chel* —6H **5**
Belfry Clo. *Barn* —3F **21**
Belgrave Rd. *Glos* —2H **19**
Belgrove Ter. *Glos* —4A **20**
Belland Dri. *Char K* —5B **16**
Belle Vue Clo. *Stro* —3D **34**
Belle Vue Rd. *Stro* —3D **34**
Bell La. *Glos* —2H **19**
Bell La. *Sel* —6H **33**
Bell Wlk. *Glos* —2H **19**
Belmont Av. *Huc* —5A **22**
Belmont Rd. *Chel* —5H **5**
Belmont Rd. *Stro* —4F **35**
Belmore Pl. *Chel* —1G **15**
Belworth Ct. *Chel* —2D **14**
Belworth Dri. *Chel* —2C **14**
Benhall Av. *Chel* —1A **14**
Benhall Gdns. *Chel* —6B **4**
Bennington St. *Chel* —5G **5**
Benson Clo. *Abb* —5F **21**
Bentham La. *B'hm & Wit* —6H **23**
Bentley Clo. *Qued* —3C **26**
Bentley La. *Sthm* —6H **3**
Berkeley Av. *Chel* —5H **5**
Berkeley Clo. *Huc* —5B **22**
Berkeley Clo. *Stro* —3G **33**
Berkeley Pl. *Chel* —6H **5**
Berkeley Rd. *Chel* —6H **5**
Berkeley St. *Glos* —1G **19**
Berry Clo. *Pain* —5H **31**
Berryfield Glade. *C'dwn* —3H **11**
Berry Lawn. *A'dle* —2E **29**
Berwick Rd. *Bis C* —1E **3**
Bethesda St. *Chel* —2G **15**
Betjeman Clo. *Glos* —1F **27**
Beverley Croft. *Chel* —5A **4**
Beverley Gdns. *W'cte* —2H **3**
Bewley Clo. *C'dwn* —3H **11**
Bibury Rd. *Chel* —1B **14**
Bibury Rd. *Glos* —5A **20**
Bijou Ct. *Glos* —5A **10**
Bilberry Clo. *Abb* —1G **29**
Billbrook Rd. *Huc* —4H **21**
Billingham Clo. *Glos* —5C **20**
Billings Clo. *Chel* —3E **15**
Birchall Av. *Mat* —3D **28**

Birchall La. *Upton L* —3E **29**
Birch Av. *Glos* —5C **20**
Birch Clo. *Char K* —5D **16**
Birches Clo. *Stro* —2D **34**
Birches Dri. *Stro* —2D **34**
Birchfield Rd. *Bis C* —1F **3**
Birchley Rd. *Bat* —1B **16**
Birchmore Rd. *Glos* —3B **20**
Birch Rd. *K'ct* —6B **34**
Birchwood Fields. *Tuf* —2G **27**
Birdwood Clo. *Abb* —1F **29**
Bishop Ct. *Chel* —5D **4**
Bishop Rd. *Shur* —1A **24**
Bishop's Cleeve By-Pass. *Bis C* —2D **2**
Bishops Clo. *Bis C* —2F **3**
Bishop's Clo. *Stro* —4E **35**
Bishops Dri. *Bis C* —2E **3**
Bishops Meadow. *Bis C* —1D **2**
Bishop's Rd. *Abb* —5F **21**
Bishopstone Clo. *Glos* —6A **4**
Bishopstone Rd. *Glos* —3B **20**
Bisley Old Rd. *Stro* —3E **35**
Bisley Rd. *Chel* —1B **14**
Bisley Rd. *Stro & E'cmbe* —3E **35**
Bisley Rd. *Tuf* —4H **27**
Bisley St. *Pain* —5H **31**
Bittern Av. *A'dle* —5D **28**
Blaby Clo. *Abb* —6G **21**
Blackberry Clo. *Abb* —1F **29**
Blackberry Field. *Pres* —4D **6**
Blackbird Av. *Inn* —3E **11**
Blackbird Ct. *S'hse* —2C **32**
Black Dog Way. *Glos* —1H **19**
Blackfriars. *Glos* —2G **19**
Blacksmith La. *C'dwn* —5C **12**
Blacksmiths Ground. *H'nam* —4A **8**
Blacksmiths La. *Mais* —2C **8**
Blacksmiths La. *Pres* —3C **6**
Blackthorn End. *Chel* —5D **14**
Blackthorn Gdns. *Qued* —3C **26**
Blackwater Way. *Inn* —4F **11**
Bladon M. *Red T* —2G **13**
Blaisdon Clo. *Abb* —1F **29**
Blaisdon Way. *Chel* —2B **4**
Blake Croft. *Chel* —3A **4**
Blakeney Clo. *Tuf* —2G **27**
Blakewell Mead. *Pain* —5G **31**
Bleasby Gdns. *Chel* —1D **14**
Blenheim Orchard. *Shur* —1B **24**
Blenheim Rd. *Glos* —3A **20**
Blenheim Sq. *Chel* —4B **4**
Blinkhorns Bri. La. *Glos* —2C **20**
Bloomfield Rd. *Glos* —4G **19**
Bloomfield Ter. *Glos* —5G **19**
Bloomsbury St. *Chel* —5F **5**
Bluebell Clo. *Abb* —6E **21**
Bluebell Gro. *Up Hat* —4D **14**
Boakes Dri. *S'hse* —3B **32**
Bodham Rd. *Chel* —3B **4**
Bodiam Av. *Tuf* —3E **27**
Boleyn Clo. *C'dwn* —2G **11**
Bondend Rd. *Upton L* —3F **29**
Bootenhay Rd. *Bis C* —1F **3**
Borage Clo. *Abb* —6G **21**
Boulton Rd. *Glos* —2G **5**
Bouncers La. *Pres* —4C **6**
Bournside Clo. *Chel* —2D **14**
Bournside Dri. *Chel* —2D **14**
Bournside Rd. *Chel* —2D **14**
Bourton Rd. *Tuf* —3H **27**
Boverton Av. *Brockw* —5C **22**
Boverton Dri. *Brockw* —5C **22**
Bowbridge La. *Pres* —2C **6**
Bowbridge La. *Stro* —5E **35**
Bowbridge Lock. *Stro* —5E **35**
Bowen Clo. *Chel* —4B **6**
Bowl Hill. *K'ct* —6B **34**
Bowly Rd. *Glos* —5G **19**
Bradford Rd. *Glos* —1C **20**
Bradley Clo. *Longl* —5D **10**
Bradley Rd. *Char K* —5B **16**
Bradshaw Clo. *Inn* —4F **11**
Brae Wlk. *A'dle* —1E **29**
Bramble La. *S'hse* —2C **32**
Bramble Lawn. *A'dle* —2E **29**
Bramble Rise. *Pres* —4D **6**
Bramley M. *Abb* —5H **21**
Bramley Rd. *Chel* —4C **4**
Branch Hill Rise. *Char K* —5B **16**
Branch Rd. *Red T* —2F **13**
Brandon Clo. *C'dwn* —1H **11**
Brandon Pl. *Chel* —3F **15**
Brecon Clo. *Qued* —5B **26**
Bredon Wlk. *Chel* —4C **6**
Bregawn Clo. *Bis C* —3D **2**
Breinton Way. *Longl* —4E **11**
Brevel Ter. *Char K* —4C **16**

Brewery Yd. *Stro* —3H **33**
Briarbank Rise. *Char K* —2D **16**
Briar Clo. *Stro* —1E **35**
Briar Lawn. *A'dle* —2E **29**
Briars Clo. *C'dwn* —3H **11**
Briar Wlk. *Pres* —4D **6**
Brickrow. *Stro* —3D **34**
Bridge Clo. *H'std* —5E **19**
Bridge Farm. *Mais* —2E **9**
Bridgend Ct. *S'hse* —4B **32**
Bridgend Rd. *Chel* —2H **13**
Bridge Rd. *Ebl* —4G **33**
Bridge-Side. *Cain* —4H **33**
Bridge St. *Cain* —4H **33**
Bridge St. *Chel* —3E **5**
Bridle, The. *Stro* —3G **33**
Brierley Clo. *Abb* —6F **21**
Brighton Rd. *Chel* —6A **6**
Brimley. *Leon S* —6C **32**
Brimsome Meadow. *H'nam* —4A **8**
Brindle Clo. *Glos* —1D **28**
Brionne Way. *Longl* —4C **10**
Brisbane. *S'hse* —1B **32**
Bristol Rd. *Glos* —5F **19**
Bristol Rd. *S'hse* —3A **32**
Britannia Way. *W'cte* —2G **3**
Brizen La. *Chel* —5D **14**
Broad Leys Rd. *Barn* —4E **21**
Broad Oak Way. *Chel* —3B **14**
Broadstone Clo. *Barn* —3F **21**
Broad St. *K Stan* —6D **32**
Broadway Clo. *Pres* —2B **6**
Broadwell Clo. *Abb* —6F **21**
Brock Clo. *Chel* —3G **13**
Brockeridge Clo. *Qued* —3B **26**
Brockhampton La. *Swin V* —6A **2**
Brockley Rd. *Leon S & K Stan* —6C **32**
Brockworth By-Pass. *Brockw* —2H **21**
Brockworth Rd. *C'dwn* —5D **22**
Brome Rd. *Abb* —6G **21**
Bronte Clo. *Chel* —2C **14**
Brook Ct. *Chel* —3E **15**
Brookfield La. *C'dwn* —4D **12**
Brookfield Rd. *C'dwn* —5C **12**
Brookfield Rd. *Huc* —4G **21**
Brooklands Pk. *Longl* —4D **10**
Brooklyn Clo. *Chel* —4C **4**
Brooklyn Ct. *Chel* —3D **4**
Brooklyn Gdns. *Chel* —4D **4**
Brooklyn Rd. *Chel* —5B **4**
Brook Rd. *Chel* —3D **4**
Brooksdale La. *Chel* —3F **15**
Brookside. *Huc* —4G **21**
Brookside Vs. *Glos* —1C **20**
Brook St. *Glos* —3H **19**
(in two parts)
Brookthorpe Clo. *Tuf* —2G **27**
Brook Vale. *Char K* —2B **16**
Brookway Dri. *Char K* —3B **16**
Brookway Rd. *Char K* —3B **16**
Broom Bungalows. *Glos* —6B **20**
Brown Clo. *Chel* —4B **4**
Browning M. *Chel* —2C **14**
Brown's La. *S'hse* —4D **32**
Brunel Mall Shopping Cen., The. *Stro* —4D **34**
Brunel War. *Stro B* —2A **32**
Brunswick Rd. *Glos* —2H **19**
Brunswick Sq. *Glos* —2H **19**
Brunswick St. *Chel* —5G **5**
Brush, The. *Stro* —2G **33**
Bruton Way. *Glos* —1A **20**
Bryaston Clo. *Chel* —5D **4**
Bryerland Rd. *Wit* —1F **31**
Brymore Av. *Pres* —2B **6**
Brymore Clo. *Pres* —2B **6**
Bryony Bank. *Chel* —5E **15**
Buckholt Rd. *Cran* —6B **30**
Buckholt Way. *Brockw* —6D **22**
Buckingham Av. *Chel* —5C **4**
Buckingham Dri. *C'dwn* —2H **11**
Buckland Clo. *Bis C* —2E **3**
Bucklehaven. *Char K* —4A **16**
Buckles Clo. *Char K* —4C **16**
Budding, The. *Stro* —1F **35**
Buddleia Clo. *Abb* —1G **29**
Buddleia Ct. *C'dwn* —2H **11**
Bullfinch Rd. *A'dle* —5D **20**
Bullfinch Way. *Inn* —2E **11**
Bullingham Ct. *Chel* —4F **5**
Bull La. *Glos* —1H **19**
Burdett Clo. *S'hse* —3C **32**
Burdett Rd. *S'hse* —3C **32**
Burford Dri. *Stro* —3B **34**
Burford M. *Glos* —3B **20**
Burgage, The. *Pres* —3C **6**
Burleigh Croft. *Huc* —3G **21**

Burma Av. *Chel* —5C **6**
Burnet Clo. *Glos* —1B **28**
Burns Av. *Glos* —1F **27**
Burton St. *Chel* —5F **5**
Buscombe Gdns. *Huc* —4A **22**
Bushcombe Clo. *W'cte* —1H **3**
Bushcombe La. *W'cte* —1H **3**
Bush Ct. *Pres* —4C **6**
Bush Hay. *C'dwn* —4A **12**
Bushy Way. *Chel* —2A **4**
Buttercross La. *Pres* —4E **7**
Buttercup Lawn. *A'dle* —2E **29**
Buttermere Clo. *Chel* —3B **14**
Buttermilk La. *C'dwn* —3B **12**
Butterow W. *Stro* —5C **34**
Butterow La. *Stro* —5E **35**
Butt Grn. *Pain* —4H **31**
Buttington. *Abb* —6G **21**
Butt's La. *W'cte* —1H **3**
Butts, The. *Glos* —1B **28**
Butts Wlk. *Chel* —2H **13**
Byard Rd. *Glos* —6E **19**
Bybrook Gdns. *Tuf* —4G **27**
Bybrook Rd. *Tuf* —4G **27**
Byfield Clo. *W'cte* —3H **3**
Byron Av. *Glos* —1F **27**
Byron Rd. *Chel* —6B **4**
Byron Rd. *Stro* —2A **34**

Caernarvon Clo. *Chel* —3B **14**
Caernarvon Ct. *Chel* —3A **14**
Caernarvon Rd. *Chel* —3A **14**
Caesar Rd. *Glos* —6F **19**
Cainscross Rd. *Stro* —3A **34**
Cakebridge Pl. *Chel* —4A **6**
Cakebridge Rd. *Chel* —3A **6**
Calderdale. *Abb* —6G **21**
Calderwood Ct. *Chel* —1G **15**
Caledonian Rd. *Mat* —3D **28**
Calspick Way. *Longl* —4E **11**
Calton Rd. *Glos* —6H **19**
Calverley M. *Up Hat* —4B **14**
Camberley Clo. *Huc* —4H **21**
Camberwell Rd. *Chel* —5A **4**
Cambray Ct. *Chel* —6G **5**
Cambray Pl. *Chel* —6H **5**
Cambridge Av. *Chel* —6C **4**
Cambridge St. *Glos* —2A **20**
Camellia Ct. *Up Hat* —4D **14**
Camellia Wlk. *Qued* —3B **26**
Camomile Clo. *Abb* —6G **21**
Campbell Rd. *Inn* —2F **11**
Campden Rd. *Chel* —1B **14**
Campden Rd. *Tuf* —2H **27**
Campion Clo. *Glos* —1B **28**
Campion Pk. *Up Hat* —5C **14**
Camp Rd. *Char K* —6C **6**
Cam Rd. *Chel* —4C **6**
Cams Ground. *H'nam* —4A **8**
Canada Ho. *Chel* —4B **4**
Canberra. *S'hse* —1B **32**
Canning Rd. *Inn* —5F **11**
Canterbury Wlk. *Chel* —3D **14**
Canton Acre. *Pain* —4H **31**
Cantors Ct. *Bis C* —3E **3**
Cantors Dri. *Bis C* —3D **2**
Capel Ct. *Pres* —3C **6**
Capel St. *Stro* —2E **35**
Capel La. *Char K* —5F **17**
Capel Rd. *Mat* —3D **28**
Capitol Pk. Ind. Est. *Glos* —1E **27**
Captain Barton Clo. *Stro* —2F **35**
Cares Clo. *Bis C* —1F **3**
Carisbroke Dri. *Char K* —3D **16**
Carisbrook Rd. *Huc* —5H **21**
Carlton Gdns. *Stro* —3D **34**
Carlton Pl. *Chel* —4F **5**
Carlton St. *Chel* —6A **6**
Carlyle Gro. *Chel* —3A **4**
Carmarthen Rd. *Chel* —3A **14**
Carmarthen St. *Glos* —4A **20**
Carne Pl. *Glos* —2D **20**
Carrol Gro. *Chel* —3A **4**
Carter Rd. *Chel* —2C **4**
Carter's Orchard. *Qued* —3C **26**
Casey Clo. *Glos* —2C **20**
Cashes Grn. Rd. *Stro* —2G **33**
Casino Pl. *Chel* —2F **15**
Castle Clo. *Pain* —6H **31**
Castle Cotts. *Huc* —3G **21**
Castlefields Av. *Char K* —3D **16**
Castlefields Dri. *Char K* —3D **16**
Castlefields Rd. *Char K* —3D **16**
Castle Hill Dri. *Brockw* —1E **31**
Castlemaine Dri. *Chel* —1H **13**

Castlemead Rd. *Stro* —4C **34**
Castle Rise. *Stro* —4D **34**
Castle St. *Stro* —3D **34**
Castle, The. *Stro* —4D **34**
Castleton Rd. *Barn* —4A **5**
Catherine's Clo. *Stro* —3F **35**
Catherine St. *Glos* —6H **9**
Catkin Clo. *Qued* —6B **26**
Cattle Mkt. Ind. Est. *Glos* —5G **9**
Causeway, The. *Qued* —4A **26**
Cavendish Av. *C'dwn* —4C **12**
Cecil Rd. *Glos* —4F **19**
Cedar Clo. *Char K* —4C **16**
Cedar Clo. *Ebl* —4G **33**
Cedar Ct. Rd. *Chel* —1G **15**
Cedar Gdns. *S'hse* —2C **32**
Cedar Rd. *Brockw* —4C **22**
Cedars, The. *Huc* —3H **21**
Cedarwood Dri. *Tuf* —3G **27**
Celandine Bank. *W'cte* —1G **3**
Cemetery Rd. *Glos* —5B **20**
Central Cross Dri. *Chel* —4H **5**
Central Rd. *Glos* —4H **19**
Central Rd. *Stro* —3A **34**
Central Trad. Est. *Glos* —2E **27**
Central Way. *Chel* —5E **5**
Centurian Clo. *Abb* —5F **21**
Chaceley Clo. *Abb* —6F **21**
Chad Rd. *Chel* —6C **4**
Chadwick Clo. *Tuf* —3G **27**
Chaffinch Clo. *Inn* —2E **11**
Chaffinch Ct. *S'hse* —2C **32**
Chalford Av. *Red T* —2G **13**
Chalford Rd. *Tuf* —4H **27**
Chamwells Av. *Longl* —5C **10**
Chamwells Wlk. *Longl* —5C **10**
Chancel Clo. *Glos* —3D **20**
Chanceley Clo. *Qued* —5B **26**
Chancel Way. *Chel* —5A **16**
Chandler Rd. *Bis C* —3E **3**
Chandos Dri. *Brockw* —6D **22**
Chandos Rd. *Stro* —6B **34**
Chantry Ga. *Bis C* —3D **2**
Chapel Gdns. *Qued* —6C **26**
Chapel Hay Clo. *C'dwn* —5B **12**
Chapel Hay La. *C'dwn* —5C **12**
Chapel La. *Chel* —2G **15**
Chapel La. *Ebl* —4G **33**
Chapel La. *W'cte* —2G **3**
Chapel Row. *S'hse* —3C **32**
Chapel St. *Chel* —5G **5**
Chapel St. *Stro* —3E **35**
Chapel Wlk. *Chel* —6G **5**
Chapman Way. *Chel* —2C **14**
Chargrove La. *Up Hat* —4A **14**
Charlecote Av. *Tuf* —5F **27**
Charlecote Corner. *Bis C* —2D **2**
Charles St. *Chel* —4F **5**
Charles St. *Glos* —2A **20**
Charlock Clo. *Glos* —1B **28**
Charlton Ct. *Char K* —4B **16**
Charlton Dri. *Chel* —1A **20**
Charlton Ct. Rd. *Char K* —2B **16**
Charlton Dri. *Char K* —2B **16**
Charlton Kings Trad. Est. *Char K*
—5B **16**
Charlton La. *Chel* —4G **15**
Charlton Lawn. *Char K* —3B **16**
Charlton Pk. Dri. *Char K* —2H **15**
Charlton Pk. Ga. *Char K* —3H **15**
Charlton Way. *Longl* —4D **10**
Charnwood Clo. *Chel* —4G **15**
Charnwood Rd. *Chel* —4G **15**
Charter Ct. *Glos* —3A **20**
Chartwell Clo. *H'std* —5D **18**
Chase Av. *Char K* —3D **16**
Chasely Cres. *Up Hat* —4H **14**
Chase, The. *A'dle* —6E **21**
Chase, The. *Stro* —3H **33**
Chatcombe Clo. *Char K* —5C **16**
Chatcombe Rd. *Mat* —6D **28**
Chatsworth Av. *Tuf* —4F **27**
Chatsworth Dri. *Chel* —5G **15**
Chaucer Clo. *Glos* —6G **19**
Cheapside. *Stro* —3C **34**
Chedworth Rd. *Tuf* —2H **27**
Chedworth Way. *Chel* —1B **14**
Chelmsford St. *Chel* —4D **14**
Chelsea Clo. *Chel* —2A **16**
Cheltenham Rd. *Bis C* —5E **3**
Cheltenham Rd. *Glos* —6C **10**
Cheltenham Rd. *Pain* —5H **31**
Cheltenham Rd. E. *Glos* —4F **11**
Chelt Rd. *Chel* —2D **4**
Chelt Wlk. *Chel* —3D **4**
Chequers Bri. *Glos* —4B **20**

Chequers Rd. *Glos* —4B **20**
Cheriton Clo. *Up Hat* —4C **14**
Cherrington Dri. *Abb* —6F **21**
Cherry Av. *Char K* —5D **16**
Cherry Clo. *Hard* —6B **26**
Cherry Gdns. *Huc* —3H **21**
Cherrywood Gdns. *Tuf* —2H **27**
Cherston Ct. *Barn* —3F **21**
Chervil Clo. *Chel* —1C **28**
Cheshire Rd. *Inn* —3F **11**
Chesmann Ct. *Glos* —5A **10**
Chester Rd. *Glos* —3D **20**
Chesterton Ct. *Long* —2B **10**
Chester Wlk. *Chel* —5G **5**
Chestnut Av. *S'hse* —2C **32**
Chestnut Clo. *Qued* —6B **26**
Chestnut La. *Stro* —3A **34**
Chestnut Pl. *Chel* —5E **15**
Chestnut Rd. *Abb* —6F **21**
Chestnuts, The. *Glos* —3G **19**
Chestnut Ter. *Char K* —4B **16**
Chestnut Wlk. *Char K* —4B **16**
Cheviot Av. *Bis C* —1D **2**
Cheviot Rd. *Chel* —3C **6**
Chevril Clo. *Glos* —1C **28**
Cheyney Clo. *Chel* —5C **20**
Chiltern Av. *Bis C* —1D **2**
Chiltern Rd. *Pres* —4C **6**
Chiltern Rd. *Qued* —5B **26**
Chislet Way. *Tuf* —4C **26**
Choirs Clo. *Abb* —5F **21**
Chosen Clo. *C'dwn* —4A **12**
Chosen View Rd. *Chel* —2E **5**
Chosen Way. *Huc* —3G **21**
Christchurch Ct. *Chel* —1D **14**
Christ Chu. Rd. *Chel* —1E **15**
Christ Chu. Ter. *Chel* —5E **5**
Christowe La. *Chel* —2H **15**
Churchdown La. *Huc* —4A **22**
Church Dri. *Qued* —4C **26**
Churchfield Rd. *Stro* —4E **35**
Churchfield Rd. *Upton L* —3F **29**
Churchfields. *Bis C* —1F **3**
Churchill Dri. *Char K* —2B **16**
Churchill Dri. *Pain* —5G **31**
Churchill Ind. Est. *Chel* —3G **15**
Churchill Rd. *Chel* —3H **15**
Churchill Rd. *Glos* —4G **19**
Churchill Way. *Pain* —5G **31**
Church La. *Barn* —3E **21**
Church La. *Hard* —6A **26**
Church La. *Pres* —3C **6**
Church La. *S'hse* —3B **32**
Church La. *Shur* —1A **16**
Church La. *Whad* —5H **27**
Church Piece. *Char K* —4C **16**
Church Pl. *Rod* —5B **34**
Church Rise. *Mais* —2D **8**
Church Rd. *Bis C* —1E **3**
Church Rd. *C'dwn* —5B **12**
Church Rd. *L'hptn* —6E **15**
Church Rd. *Leon S* —6B **32**
Church Rd. *Longl* —5D **10**
Church Rd. *Mais* —1C **8**
Church Rd. *St Ma* —1C **14**
Church Rd. *Swin* —1D **4**
Church St. *Char K* —4B **16**
Church St. *Chel* —5G **5**
Church St. *Glos* —2G **19**
Church St. *K Stan* —6D **32**
Church St. *Stro* —3D **34**
Churchview Dri. *Barn* —3E **21**
Church Village. *Qued* —4C **26**
Church Way. *Char K* —4C **16**
Churn Av. *Chel* —5B **6**
Cicely Way. *Abb* —6G **21**
Circle, The. *Stro* —2D **34**
Cirencester Rd. *Brockw* —1E **31**
Cirencester Rd. *Char K* —2B **16**
Clapham Ct. *Glos* —6A **10**
Clare Ct. *Stro* —3F **35**
Claremont Clo. *Glos* —1A **20**
Claremont Rd. *Glos* —1A **20**
Clarence Pde. *Chel* —6G **5**
Clarence Rd. *Chel* —5H **5**
Clarence Row. *Glos* —1A **20**
Clarence Sq. *Chel* —5H **5**
Clarence St. *Chel* —5G **5**
Clarence St. *Glos* —2G **19**
Clarence Wlk. *Glos* —2H **19**
Clare Pl. *Chel* —2G **15**
Clare St. *Chel* —2G **15**
Clare St. *Glos* —1G **19**
Claridge Clo. *A'dle* —1E **29**

Clarington M. *Chel* —4H **5**
Clark Ct. *Chel* —4B **6**
Clarkia Clo. *C'dwn* —2G **11**
Claudians Way. *Abb* —4F **21**
Clayburn Clo. *H'nam* —4B **8**
Claypits La. *Thr* —6F **35**
Claypits Path. *Chel* —3H **15**
Clearwater Dri. *Qued* —4A **26**
Cleeve Bus. Pk. *Bis C* —4D **2**
Cleeve Clo. *Bis C* —2E **3**
Cleeve Cloud La. *Pres* —4E **7**
Cleeve Lake Ct. *Bis C* —1D **2**
Cleevecroft Av. *Bis C* —2F **3**
Cleevelands Av. *Chel* —2G **5**
Cleevelands Clo. *Chel* —2H **5**
Cleevelands Dri. *Chel* —2H **5**
Cleeveland St. *Chel* —4F **5**
Cleevemont Clo. *Chel* —4A **6**
Cleevemount Rd. *Chel* —4A **6**
Cleeve Rd. *Mat* —1D **28**
Cleeve View Rd. *Chel* —1H **15**
Clegram Rd. *Glos* —4G **19**
Clematis Ct. *Bis C* —2D **2**
Clement Cotts. *Glos* —3B **20**
Clement St. *Glos* —3B **20**
Clevedon Rd. *Glos* —5A **20**
Clevedon Sq. *Chel* —5D **4**
Clifton Rd. *Glos* —3G **19**
Cloisters, The. *Bis C* —1D **2**
Clomoney Way. *Longl* —4E **11**
Close, The. *Chel* —5G **15**
Close, The. *Sthm* —5H **3**
Clover Dri. *Hard* —6B **26**
Clyde Cres. *Chel* —5B **6**
Clyde Rd. *Brockw* —6D **22**
Coal Wharf. *Mais* —2E **9**
Coates Gdns. *S'hse* —2C **32**
Coberley Rd. *Chel* —1A **14**
Coberley Rd. *Tuf* —2H **27**
Cobham Ct. *Chel* —4E **5**
Cobham Rd. *Chel* —4E **5**
Cochran Clo. *Chel* —4B **12**
Cold Pool La. *Badg* —6F **13**
Coldray Clo. *Glos* —2C **20**
Cole Av. *Glos* —2E **27**
Colebridge Av. *Glos* —6D **10**
Colerne Dri. *Huc* —4A **22**
Colesbourne Rd. *Chel* —2A **14**
Colin Rd. *Barn* —2E **21**
College Baths Rd. *Chel* —1H **15**
College Ct. *Glos* —1H **19**
College Ga. *Chel* —1H **15**
College Grn. *Glos* —1H **19**
College Lawn. *Chel* —2H **15**
College Pl. Chel —6G **5**
(off Royal Well Pl.)
College Rd. *Chel* —1H **15**
College Rd. *Stro* —2B **34**
College St. *Glos* —1H **19**
College View. *S'hse* —3C **32**
College Yd. Glos —1G **19**
(off College St.)
Colletts Dri. *Chel* —4E **5**
Collingbourne Rd. *Glos* —4B **20**
Collum End Rise. *Chel* —5F **15**
Colne Av. *Chel* —4B **6**
Coltham Clo. *Chel* —1A **16**
Coltham Fields. *Chel* —1A **16**
Coltham Rd. *Chel* —2A **16**
Coltman Clo. *Glos* —2C **20**
Columbia Clo. *Glos* —1A **20**
Columbia St. *Chel* —5H **5**
Colwell Av. *Huc* —2H **21**
Colwyn Dri. *Chel* —3B **14**
Combrook Clo. *Abb* —1F **29**
Commercial Rd. *Glos* —2G **19**
Commercial St. *Chel* —2G **15**
Compton Clo. *C'dwn* —1H **11**
Compton Rd. *Chel* —3E **5**
Concorde Way. *Glos* —4C **20**
Conduit St. *Glos* —4H **19**
Coney Hill Pde. *Glos* —4C **20**
Coney Hill Rd. *Glos* —4C **20**
Conifers, The. *Chel* —4B **6**
Conifers, The. *Glos* —4B **20**
Coniston Rd. *Chel* —2B **14**
Coniston Rd. *Glos* —5D **10**
Constance Clo. *Stro* —5A **34**
Constitution Wlk. *Glos* —2H **19**
Conway Rd. *Huc* —4H **21**
Cook Dri. *Chel* —3A **4**
Cooks La. *Uck* —1A **4**
Cooks Orchard. *Glos* —6B **10**
Coombe Glen La. *Chel* —3A **14**
Coombe Meade. *W'cte* —2G **3**
Coopers Ct. *Brockw* —6D **22**
Coopers Ct. *Char K* —4C **16**

Middle Spillman's. *Stro* —4B **34**
Middle St. *Stro* —4B **34**
Middle St. *Upl* —2D **34**
Middleton Lawn. *Inn* —3F **11**
Midland Rd. *Glos* —3H **19**
Midland Rd. *S'hse* —2B **32**
Midwinter Av. *Chel* —4F **5**
Midwinter Gdns. *Chel* —3F **5**
Milford Clo. *Glos* —4C **10**
Millbridge Rd. *Huc* —4H **21**
Millbrook Clo. *Glos* —2B **20**
Millbrook Gdns. *Chel* —5E **5**
Millbrook St. *Chel* —5E **5**
Millbrook St. *Glos* —3A **20**
Miller Clo. *Longl* —4E **11**
Millers Dyke. *Qued* —4A **26**
Millers Grn. *Glos* —1H **19**
Mill Farm Dri. *Stro* —2H **33**
Millfields. *Huc* —3H **21**
Mill Gro. *Qued* —4A **26**
Millham Rd. *Bis C* —1F **3**
Mill Ho. Dri. *Chel* —2F **5**
Millin Av. *Tuf* —2G **27**
Mill La. *Brockw* —5D **22**
Mill La. *Char K* —6E **7**
Mill La. *Pres* —3D **6**
Mill La. *Wit* —1F **31**
Mill St. *Glos* —2B **20**
Mill St. *Pres* —2C **6**
Milne Wlk. *Chel* —3B **4**
Milo Pl. *Glos* —5H **19**
Milsom St. *Chel* —5G **5**
Milton Av. *Chel* —1C **14**
Milton Av. *Glos* —6F **19**
Milton Gro. *Stro* —3F **35**
Milton Rd. *Chel* —6B **4**
Mimosa Av. *Up Hat* —5D **14**
Mimosa Ct. *C'dwn* —2H **11**
Minerva Clo. *Abb* —5G **21**
Minetts Av. *Bis C* —2F **3**
Minster Clo. *Bis C* —1D **2**
Minster Gdns. *Abb* —5G **21**
Minstrel Way. *C'dwn* —1G **11**
Miserden Rd. *Chel* —1A **14**
Mistletoe M. *C'dwn* —3G **11**
Mitre St. *Chel* —1H **15**
Moat La. *Uck* —1A **4**
Moat, The. *Qued* —4C **26**
Mogridge Clo. *Glos* —4H **21**
Monarch Clo. *Abb* —1F **29**
Monica Dri. *Chel* —3H **5**
Monkey Puzzle Clo. *Ebl* —4A **34**
Monk Meadow Rd. *H'std* —3F **19**
Monkmeadow Trad. Est. *H'std* —4F **19**
Monks Croft. *Chel* —6B **4**
Monson Av. *Chel* —5G **5**
Montfort Rd. *Glos* —4C **10**
Montgomery Rd. *Chel* —3A **14**
Montpellier. *Glos* —2H **19**
Montpellier Arc. *Chel* —1G **15**
  (off Monpellier St.)
Montpellier Av. *Chel* —1G **15**
Montpellier Ct. *Chel* —1G **15**
Montpellier Dri. *Chel* —1G **15**
Montpellier Exchange. *Chel* —1F **15**
  (off Montpellier St.)
Montpellier Gro. *Chel* —2G **15**
Montpellier Ho. *Chel* —1F **15**
Montpellier M. *Glos* —2H **19**
Montpellier Pde. *Chel* —1G **15**
Montpellier Retreat. *Chel* —2G **15**
Montpellier Spa Rd. *Chel* —1G **15**
Montpellier St. *Chel* —1F **15**
Montpellier Ter. *Chel* —1F **15**
Montpellier Vs. *Chel* —2G **15**
Montpellier Wlk. *Chel* —1F **15**
Montreal Ho. *Chel* —4B **4**
Moor Court Dri. *Chel* —5A **6**
Moorend Cres. *Chel* —3F **15**
Moorend Glade. *Char K* —3A **16**
Moorend Gro. *Chel* —4F **15**
Moorend Pk. Rd. *Chel* —3F **15**
Moorend Rd. *Char K* —4A **16**
Moorend Rd. *Chel* —4G **15**
Moorend St. *Chel* —3F **15**
Moorfield Rd. *Brockw* —5D **22**
Moor Hall Pl. *Stro* —2H **33**
Moorhen Ct. *Qued* —4A **26**
Moorlands Trad. Est. *Glos* —3G **19**
Moors Av. *Chel* —4C **4**
Moor St. *Glos* —4B **20**
Moreton Clo. *Bis C* —3F **3**
Moreton St. *Glos* —4A **20**
Moreton Ter. *Char K* —2B **16**
Morlands Dri. *Char K* —5G **15**
Morley Av. *C'dwn* —3H **11**
Morningside. *Pres* —3D **6**

Morningside Clo. *Pres* —3D **6**
Morningside Courtyard. *Pres* —3D **6**
Mornington Dri. *Chel* —3G **15**
Morpeth St. *Glos* —4A **20**
Morris Ct. *Chel* —2C **14**
Morris Hill Clo. *Swin* —1E **5**
Mortimer Rd. *Longl* —4D **10**
Morton Cotts. *Glos* —2A **20**
Morwent Clo. *Abb* —5F **21**
Moselle Dri. *C'dwn* —3H **11**
Mosley Cres. *Stro* —3H **33**
Mosley Rd. *Stro* —2H **33**
Mostham Pl. *Brockw* —5C **22**
Mottershead Dri. *Inn* —2F **11**
Mount St. *Glos* —1G **19**
Mowberry Clo. *Longl* —4D **10**
Mulberry Clo. *Hard* —5B **26**
Mulberry Ct. *Chel* —5A **4**
Munsley Gro. *Mat* —2D **28**
Murray Clo. *Bis C* —1E **3**
Murvagh Clo. *Chel* —6D **32**
Muscroft Rd. *Pres* —3E **7**
Mutsilver M. *Longl* —4F **11**
Myers Rd. *Glos* —2B **20**
Myrtle Clo. *Glos* —6B **20**

Naas La. *Qued* —6C **26**
*Nailsworth Ter. Chel —5F **5***
  (off Hereford Pl.)
Napier St. *Glos* —2A **20**
Naseby Ho. *Chel* —4B **6**
Natton Cotts. *Char K* —2E **17**
Naunton Cres. *Chel* —3G **15**
Naunton La. *Chel* —3G **15**
Naunton Pde. *Chel* —2G **15**
Naunton Pk. Clo. *Chel* —3H **15**
Naunton Pk. Rd. *Chel* —3H **15**
Naunton Rd. *Glos* —4E **21**
Naunton Ter. *Chel* —2G **15**
Naunton Way. *Chel* —3G **15**
Needham Av. *Chel* —6E **27**
Nelmes Row. *Char K* —4D **16**
Nelson St. *Glos* —5A **20**
Nelson St. *Stro* —3D **34**
Nene Clo. *Qued* —3B **26**
Neptune Clo. *Abb* —5G **21**
Netheridge Clo. *H'std* —1D **26**
Netherwood Clo. *Chel* —4D **4**
Netherwood Gdns. *Chel* —4D **4**
Nettleton Rd. *Chel* —2A **14**
Nettleton Rd. *Glos* —2A **20**
Newark Ho. *H'std* —4E **19**
Newark Rd. *Glos* —5F **19**
New Barn Av. *Chel* —3B **6**
New Barn Clo. *Chel* —3B **6**
New Barn La. *Chel* —2H **5**
New Barn M. *Chel* —3C **6**
Newcourt Pk. *Char K* —3B **16**
Newcourt Rd. *Char K* —3A **16**
Newent Rd. *H'nam* —4A **8**
New Inn La. *Glos* —1H **19**
Newland St. *Glos* —1A **20**
New Rd. *Sel* —5H **33**
New Rd. *W'cte* —3H **3**
New Rutland Clo. *Chel* —5G **5**
Newstead Rd. *Barn* —3F **21**
New St. *Char K* —4B **16**
New St. *Chel* —5F **5**
New St. *Glos* —3G **19**
New St. *K Stan* —6D **32**
New St. *Pain* —5H **31**
Newton Av. *Glos* —4D **20**
Newton Clo. *Chel* —5B **4**
Newton Rd. *Chel* —5B **4**
Newton's Way. *Stro* —4C **34**
New Zealand Ho. *Chel* —4C **4**
Nickleby Bungalows. *Glos* —6A **20**
Nicolson Clo. *Glos* —2F **11**
Nightingale Croft. *Inn* —3E **11**
Nine Elms Rd. *Longl* —5F **11**
Noake Rd. *Huc* —3H **21**
Norbury Av. *Mat* —6C **20**
Norfolk Av. *Chel* —6C **4**
Norfolk St. *Glos* —2G **19**
Normal Ter. *Chel* —5G **5**
Norman Bill Way. *Glos* —2C **20**
Nortenham Clo. *Bis C* —1C **2**
Northbank Clo. *Red T* —2G **13**
Northbrook Rd. *Glos* —2D **20**
Northfield M. *Stro* —2D **34**
Northfield Pas. *Chel* —5H **5**
Northfield Rd. *Glos* —6A **20**
Northfield Sq. *Glos* —6A **20**
Northfield Ter. *Chel* —5H **5**
Northgate St. *Glos* —1H **19**
N. Hall M. *Chel* —5A **6**

Morningside Clo. *Pres* —3D **6**
North Pl. *Chel* —5H **5**
North Rd. *Glos* —5A **10**
North Rd. E. *Red T* —2G **13**
North Rd. W. *Red T* —2F **13**
North St. *Chel* —5G **5**
N. Upton La. *Barn* —4F **21**
Norwich Dri. *Chel* —3D **14**
Norwood Rd. *Chel* —2G **15**
Notgrove Clo. *Bis C* —1B **14**
Notgrove Clo. *Tuf* —3F **27**
Notley Pl. *Huc* —4H **21**
Nottingham Rd. *Bis C* —1E **3**
Nouncells Cross. *Stro* —3E **35**
Nourse Clo. *Chel* —5E **15**
Noverton Av. *Pres* —3E **7**
Noverton La. *Pres* —3D **6**
Nunney Clo. *Chel* —1H **13**
Nurseries, The. *Bis C* —3D **2**
Nursery Clo. *Glos* —4E **35**
Nursery Ter. *S'hse* —4C **32**
Nursery, The. *K Stan* —6D **32**
Nut Hill. *Upton L* —5H **29**
Nutley Av. *Tuf* —3F **27**
Nutmeg Clo. *A'dle* —1E **29**
Nympsfield Rd. *Tuf* —2G **27**

Oak Av. *Char K* —2B **16**
Oakbank. *Glos* —1H **27**
Oakbrook Dri. *Red T* —2H **13**
Oak Cotts. *Upton L* —3F **29**
Oakcroft Clo. *Mat* —2E **29**
Oakdene. *Chel* —1E **15**
Oak Dri. *Brockw* —5C **22**
Oak Dri. *Rod* —4C **34**
Oakfield Rd. *Bis C* —2F **3**
Oakfield St. *Chel* —2E **15**
Oakhurst Clo. *C'dwn* —4H **11**
Oakhurst Rise. *Chel* —1B **16**
Oakland Av. *Chel* —3A **6**
Oakland St. *Char K* —2B **16**
Oakleaze. *Glos* —6E **11**
Oakley Rd. *Bat* —1B **16**
Oak Mnr. Dri. *Chel* —6B **6**
Oakridge. *H'nam* —4A **8**
Oakridge Clo. *Abb* —6F **21**
Oaks, The. *Abb* —4F **21**
Oaks, The. *Up Hat* —3A **14**
Oak Tree Clo. *Hard* —6B **26**
Oaktree Gdns. *Mat* —2D **28**
Oak Way. *S'hse* —3C **32**
Oakwood Dri. *Huc* —5G **21**
Oatfield. *Qued* —3B **26**
O'Brien Rd. *Chel* —3D **4**
Ogbourne Clo. *Longl* —6F **11**
Okus Rd. *Char K* —4B **16**
Old Acre Dri. *Bis C* —1F **3**
Old Bath Rd. *Chel* —6G **15**
Oldbury Clo. *Chel* —4B **4**
Oldbury Orchard. *C'dwn* —5C **12**
Oldbury Rd. *Chel* —4B **4**
Old Cheltenham Rd. *Longl* —5E **11**
Oldends La. *S'hse* —3A **32**
Oldfield Cres. *Chel* —1C **14**
Old Gloucester Rd. *H'den* —2A **4**
Old Millbrook Ter. *Chel* —5E **5**
Old Painswick Clo. *Glos* —5C **20**
Old Painswick Rd. *Glos* —5C **20**
Old Rectory Pl. *Stro* —5B **34**
Old Reddings Clo. *Red T* —2H **13**
Old Reddings Rd. *Red T* —2H **13**
Old Rd. *Mais* —1D **8**
Old Rd. *Stro* —5H **3**
Old Row. *Glos* —3A **20**
Old School M., The. *Char K* —3C **16**
Old Station Dri. *Chel* —3G **15**
Old Tewkesbury Rd. *Nor* —4A **10**
Old Tram Rd. *Glos* —2G **19**
Oldway. *Upton L* —3F **29**
Olio La. *Chel* —1G **15**
  (in two parts)
Oliver Clo. *Tuf* —3G **27**
Olympus Pk. Ind. Est. *Qued* —3D **26**
Orangery, The. *Barn* —4F **21**
Orchard Av. *Chel* —4B **4**
Orchard Cvn. Pk. *Huc* —5H **21**
Orchard Clo. *Hard* —6A **26**
Orchard Clo. *Leon S* —6C **32**
Orchard Clo. *Long* —4H **9**
Orchard Cotts. *Char K* —2E **17**
Orchard Ct. *Pain* —6H **31**
Orchard Ct. *S'hse* —3B **32**
Orchard Dri. *C'dwn* —5C **12**
Orchard Gro., The. *Shur* —2A **24**
Orchard Ho. *Bis C* —2E **3**
Orchard Mead. *Pain* —6H **31**
Orchard Pk. *Chel* —2C **4**

Orchard Pl. *Chel* —5G **5**
Orchard Pl. *S'hse* —3B **32**
Orchard Rd. *Bis C* —2E **3**
Orchard Rd. *Ebl* —4F **33**
Orchard Rd. *Longl* —5F **11**
Orchards, The. *Huc* —5H **21**
Orchard View. *L'pll* —6B **34**
Orchard Way. *Chel* —4C **4**
Orchard Way. *C'dwn* —2A **12**
Orchard Way. *Mais* —2D **8**
Organ's All. *Glos* —2H **19**
Oriel Rd. *Chel* —6G **5**
Oriel School Dri. *Sthm* —6H **3**
Oriel Ter. *Chel* —6G **5**
Oriole Way. *A'dle* —5D **20**
Ormond Pl. *Chel* —6G **5**
Ormond Ter. *Chel* —6G **5**
Orrisdale Ter. *Chel* —1H **15**
Osborne Av. *Tuf* —4F **27**
Osier Clo. *Glos* —1B **28**
Osprey Clo. *A'dle* —6E **21**
Osprey Dri. *S'hse* —2C **32**
Osprey Rd. *Chel* —4F **15**
Osric Rd. *Glos* —5A **20**
Otter Rd. *Abb* —6H **21**
Oval, The. *Glos* —5G **19**
Overbrook Clo. *Glos* —2D **20**
Overbrook Dri. *Chel* —4A **6**
Overbrook Rd. *Hard* —5B **26**
Overbury Rd. *Glos* —3B **20**
Overbury St. *Char K* —2B **16**
Over Causeway. *Glos* —6D **8**
Overton Ct. *Chel* —6F **5**
Overton Pk. Rd. *Chel* —6F **5**
Overton Rd. *Chel* —6F **5**
Owl Clo. *A'dle* —6E **21**
Owls End Rd. *Bis C* —1F **3**
Oxbutts Pk. *W'cte* —1G **3**
Oxebode, The. *Glos* —1H **19**
Oxford Clo. *Chel* —1A **16**
Oxford Pde. *Chel* —1H **15**
Oxford Pas. *Chel* —5G **5**
Oxford Rd. *Glos* —6A **10**
Oxford St. *Chel* —1A **16**
Oxford St. *Glos* —1A **20**
Oxford Ter. *Glos* —1A **20**
*Oxford Ter. Upl —2D **34***
  (off Middle St.)
Oxford Way. *Chel* —4D **14**
Oxmead Clo. *Bis C* —1G **3**
Oxmoor. *A'dle* —2E **29**
Oxstalls Dri. *Longl* —4B **10**
Oxstalls La. *Longl* —6C **10**
Oxstalls Way. *Longl* —5C **10**

Paddock Gdns. *Longl* —4E **11**
Paddock Rise. *S'hse* —3C **32**
Paddocks La. *Chel* —3G **5**
Paddocks, The. *H'std* —5E **19**
Paganhill Est. *Stro* —2A **34**
Paganhill La. *Stro* —3A **34**
Pagets Rd. *Bis C* —3F **3**
Painswick Old Rd. *Stro* —2C **34**
Painswick Rd. *Chel* —4F **15**
Painswick Rd. *Cran & Brockw* —6B **30**
Painswick Rd. *Mat* —4B **20**
Painswick Rd. *Stro* —1C **34**
Pakistan Ho. *Chel* —5B **4**
Palmer Av. *Abb* —6G **21**
Parabola Clo. *Chel* —6F **5**
Parabola La. *Chel* —6F **5**
Parabola Rd. *Chel* —6F **5**
Parade, The. *Brockw* —5F **11**
Paragon Ter. *Chel* —1G **15**
Park Av. *Longl* —4D **10**
Park Brake. *H'nam* —5A **8**
Parkbury Clo. *Chel* —5D **4**
Park Ct. *Stro* —4E **35**
Park Dri. *Qued* —4C **26**
Parkend Rd. *Glos* —4H **19**
Park Ga. *Chel* —2F **15**
Park Ho. *Chel* —2F **15**
Parkland Rd. *Chel* —5A **16**
Parklands. *C'dwn* —3G **11**
Parklands. *Qued* —4C **26**
Park La. *Pres* —1C **6**
Park M. *Chel* —3F **15**
Park Pde. *S'hse* —2B **32**
Park Pl. *Chel* —2F **15**
Park Rd. *Glos* —2H **19**
Park Rd. *S'hse* —3B **32**
Park Rd. *Stro* —4E **35**
Parkside Clo. *C'dwn* —3G **11**
Parkside Dri. *C'dwn* —3G **11**
Park St. *Chel* —5F **5**
Park St. *Glos* —1H **19**

Park, The. *Chel* —2F **15**
Park View Dri. *Stro* —2H **33**
Parkwood Cres. *Huc* —5G **21**
Parkwood Gro. *Char K* —5B **16**
Parliament Clo. *Stro* —3D **34**
Parliament St. *Glos* —2H **19**
Parliament St. *Stro* —3D **34**
Parr Clo. *C'dwn* —2G **11**
Parrish Cres. *A'dle* —1E **29**
Parry Rd. *Glos* —5A **20**
Parton Dri. *C'dwn* —4B **12**
Parton M. *C'dwn* —3A **12**
Parton Rd. *C'dwn* —3A **12**
Partridge Clo. *Pod* —6F **19**
Partridge Clo. *S'hse* —2C **32**
Pate Ct. *Chel* —5G **5**
Pates Av. *Chel* —5E **5**
Patseamur M. *Inn* —4F **11**
Patterdale Clo. *Chel* —2C **4**
Paul St. *Glos* —4A **20**
Paygrove La. *Longl* —5E **11**
Paynes Pitch. *C'dwn* —5C **12**
Paynes Pl. *Stro* —4A **34**
Peacock Clo. *Abb* —6F **21**
Peacock Clo. *Chel* —5A **4**
Peakstile Piece. *W'cte* —2G **3**
Pearce Way. *Glos* —1E **27**
Pearcroft Rd. *S'hse* —3C **32**
Peart Clo. *Glos* —2B **20**
Pear Tree Clo. *Hard* —6B **26**
Pear Tree Clo. *W'cte* —2H **3**
Pearwood Way. *Tuf* —3F **27**
Pecked La. *Bis C* —1F **3**
Peel Cen., The. *Glos* —3G **19**
Peel Clo. *Char K* —4D **16**
Pegasus Gdns. *Qued* —3C **26**
Peggoty Bungalows. *Glos* —4D **20**
(off Stanway Rd.)
Peghouse Clo. *Stro* —1E **35**
Peghouse Rise. *Stro* —1E **35**
Pelham Cres. *C'dwn* —3H **11**
Pembridge Clo. *Char K* —3D **16**
Pembroke Clo. *Chel* —3B **14**
Pembroke St. *Glos* —3A **20**
Pembury Rd. *Glos* —1H **27**
Pendil Clo. *Chel* —1E **15**
Pendock Clo. *Qued* —4B **26**
Penharva Clo. *Chel* —4D **4**
Penhill Rd. *Mat* —1C **28**
Pennine Clo. *Qued* —5B **26**
Pennine Rd. *Chel* —3C **6**
Pennsylvania Av. *Chel* —4C **4**
Penny Clo. *Longl* —5E **11**
Penrith Rd. *Chel* —2C **14**
Penrose Rd. *Inn* —3E **11**
Pentathlon Way. *Chel* —2G **5**
Percy St. *Glos* —4A **20**
Peregrine Way. *Chel* —4F **15**
Peregrine Way. *Qued* —2C **26**
Perry Orchard. *Stro* —2G **33**
Perry Orchard. *Upton L* —3F **29**
Persh La. *Mais* —2C **8**
Persh Way. *Mais* —2D **8**
Perth. *S'hse* —1B **32**
Peter Pennell Clo. *Chel* —3A **4**
Peters Field. *H'nam* —4B **8**
Petworth Clo. *Tuf* —5F **27**
Pheasant La. *Chel* —1G **13**
Pheasant Mead. *S'hse* —2C **32**
Philip St. *Glos* —4G **19**
Piccadilly. *Stro* —3E **35**
Piccadilly Way. *Pres* —3E **7**
Pickering Clo. *Chel* —3F **15**
Pickering Rd. *Chel* —3F **15**
Pickwick Clo. *Glos* —6E **11**
Piece, The. *C'dwn* —5C **12**
Piggy La. *Tuf* —3H **27**
Pilford Av. *Chel* —5H **15**
Pilford Clo. *Chel* —5H **15**
Pilford Ct. *Chel* —6H **15**
Pilford Rd. *Chel* —6H **15**
Pilgrim Clo. *Abb* —5F **21**
Pilgrove Clo. *Chel* —2A **4**
Pillcroft Clo. *Wit* —1F **31**
Pillcroft Rd. *Wit* —1F **31**
Pilley Cres. *Chel* —5G **15**
Pilley La. *Chel* —5G **15**
Pincote. *H'nam* —4A **8**
Pine Bank. *Bis C* —2G **3**
Pine Clo. *Char K* —1B **16**
Pinemount Rd. *Huc* —4H **21**
Pinery Rd. *Barn* —4F **21**
Pine Tree Dri. *Barn* —3F **21**
Pineway. *A'dle* —5C **20**
Pinewood Rd. *Glos* —5B **26**
Pinlocks. *Upton L* —2F **29**

Pipers Gro. *H'nam* —4A **8**
Pippin Clo. *Abb* —5H **21**
Pirton Cres. *C'dwn* —4A **12**
Pirton La. *C'dwn* —3H **11**
Pirton Meadow. *C'dwn* —4H **11**
Pitman Rd. *Chel* —6B **4**
Pitt Mill Gdns. *Chel* —3H **21**
Pitt St. *Glos* —1H **19**
Pittville Cir. *Chel* —5A **6**
Pittville Cir. Rd. *Chel* —5A **6**
Pittville Clo. *Chel* —3A **6**
Pittville Cres. *Chel* —4A **6**
Pittville Cres. La. *Chel* —4A **6**
Pittville Lawn. *Chel* —5H **5**
Pittville M. *Chel* —5H **5**
Pittville St. *Chel* —6H **5**
Plain, The. *W'hll* —1B **34**
Plock Ct. *Long* —4A **10**
Plocks, The. *C'dwn* —4C **12**
Plum Tree Clo. *Abb* —1F **29**
Podsmead Clo. *Glos* —1G **27**
Podsmead Pl. *Glos* —6G **19**
Podsmead Rd. *Glos* —1F **27**
Polefield Gdns. *Chel* —1E **15**
Poole Ground. *H'nam* —4A **8**
Pooles La. *Sel* —5H **33**
Poole Way. *Chel* —5F **5**
Popes Clo. *Chel* —4G **5**
Popes Meade. *H'nam* —4A **8**
Poplar Clo. *Glos* —6G **19**
Poplar Dri. *W'cte* —2H **3**
Poplars, The. *Up Hat* —4B **14**
Poppy Field. *H'nam* —4B **8**
Porchester Rd. *Huc* —3G **21**
Portland Pl. *Chel* —5H **5**
Portland Sq. *Chel* —5H **5**
Portland St. *Chel* —5H **5**
Porturet Way. *Char K* —3C **16**
Portway. *Upton L* —4G **29**
Postlip Way. *Chel* —1A **14**
Post Office La. *Chel* —6G **5**
Posy La. *Glos* —6B **10**
Potters Field Rd. *W'cte* —2H **3**
Pound Clo. *Brockw* —1D **30**
Poxon Ct. *Stro* —5B **34**
Prescott Av. *Mat* —1C **28**
Prescott Wlk. *Chel* —3C **4**
Prestbury Grn. Dri. *Pres* —3D **6**
Prestbury Rd. *Chel* —5H **5**
Price St. *Glos* —4G **19**
Primrose Clo. *Glos* —1B **28**
Prince Albert Ct. *Huc* —5B **22**
Prince's Rd. *Chel* —2E **15**
Princes Rd. *Stro* —2H **33**
Princess Elizabeth Way. *Chel* —6A **4**
(in two parts)
Prince's St. *Chel* —6A **6**
Prince St. *Glos* —3H **19**
Prinknash Clo. *Mat* —1D **28**
Prinknash Rd. *Mat* —1D **28**
(in two parts)
Print Box La. *Chel* —2F **15**
Priors Rd. *Char K* —6B **6**
Priory La. *Bis C* —1F **3**
Priory Pl. *Chel* —1H **15**
Priory Rd. *Chel* —2H **19**
Priory Rd. *Glos* —1G **19**
(Clare St.)
Priory Rd. *Glos* —6H **9**
(St. Oswald's Rd.)
Priory St. *Chel* —1H **15**
Priory Ter. *Chel* —6A **6**
Priory Wlk. *Chel* —6A **6**
Promenade. *Chel* —6G **5**
Promenade, The. *Glos* —2H **19**
Providence Sq. *Chel* —5A **6**
Pullar Clo. *Bis C* —1E **3**
Pullar Ct. *Bis C* —1E **3**
Pullens Rd. *Pain* —4H **31**
Pullman Ct. *Glos* —1A **20**
Pumphrey's Rd. *Char K* —4B **16**
Purbeck Way. *Pres* —4D **6**
Purcell Rd. *C'dwn* —1G **11**
Purs La. *Glos* —1C **28**
Pyrton M. *Up Hat* —4B **14**

Quail Clo. *Barn* —4F **21**
Quantock Rd. *Qued* —5B **26**
Quat Goose La. *Swin* —6A **2**
Quay St. *Glos* —1G **19**
Quay, The. *Glos* —1G **19**
Quebec Ho. *Chel* —4B **4**
Quedgeley Pk. *Glos* —2D **26**
Queen's Cir. *Chel* —6G **5**
Queens Clo. *Huc* —2H **21**

Queen's Ct. *Chel* —1D **14**
Queen's Dri. *Stro* —2H **33**
Queens La. *Chel* —1F **15**
Queensmead. *Pain* —6G **31**
Queens Pde. *Chel* —6G **5**
Queen's Retreat. *Chel* —5E **5**
Queen's Rd. *Chel* —6E **5**
Queen's Rd. *S'hse* —3C **32**
Queen's Rd. *Stro* —4D **34**
Queens Sq. *Stro* —3E **35**
Queen St. *Chel* —4F **5**
Queens Wlk. *Glos* —2H **19**
Queenwood Gro. *Pres* —2E **7**
Quenney's Clo. *Mat* —2D **28**
Quietways. *S'hse* —2B **32**
Quinton Clo. *C'dwn* —3A **12**

Radnor Rd. *Chel* —3B **14**
Raglan St. *Glos* —2A **20**
Raikes Rd. *Glos* —5G **19**
Railway Ter. *Ebl* —3G **33**
Raleigh Clo. *C'dwn* —1G **11**
Ramsdale Rd. *Glos* —1E **27**
Rance Pitch. *Upton L* —3F **29**
Randalls Field. *Pain* —6H **31**
(in two parts)
Randolph Clo. *Chel* —3A **16**
Randwick Rd. *Tuf* —3G **27**
Range, The. *H'nam* —4A **8**
Ranmoor. *A'dle* —2E **29**
Ratcliff Lawns. *Sthm* —5G **3**
Ravensgate Rd. *Char K* —5C **16**
Ravis Clo. *Glos* —5C **20**
Reaburn Clo. *Char K* —3C **16**
Read Way. *Bis C* —3E **3**
Rea La. *H'std* —6C **18**
Reat Clo. *Bis C* —1F **3**
Rectory La. *H'std* —5D **18**
Rectory La. *Swin* —1E **5**
Rectory Rd. *Mat* —1D **28**
Red Admiral Dri. *Abb* —1F **29**
Redding Clo. *Qued* —4B **26**
Reddings Pk. *Red T* —2A **14**
Reddings Rd. *Chel* —2H **13**
Reddings, The. *Chel* —3A **14**
Redgrove Pk. *Chel* —2A **14**
Redgrove Rd. *Chel* —3C **4**
Redhouse La. *Stro* —2G **33**
Redland Clo. *Longl* —5C **10**
Redpoll Way. *A'dle* —5C **20**
Red Rower Clo. *Chel* —2F **5**
Redstart Way. *A'dle* —5C **20**
Redthorne Way. *Up Hat* —4B **14**
Red Well Rd. *Mat* —3C **28**
Redwind Way. *Longl* —4F **11**
Redwood Clo. *Glos* —6G **19**
Redwood Clo. *Chel* —5A **4**
Regent Chambers. *Chel* —6G **5**
Regent Clo. *Chel* —1E **15**
Regent St. *Chel* —6G **5**
Regent St. *Glos* —3H **19**
(in two parts)
Regent St. *S'hse* —4C **32**
Regis Clo. *Char K* —4B **16**
Rencomb Clo. *Abb* —1F **29**
Reservoir Rd. *Glos* —1H **27**
Reservoir Rd. *Stro* —3F **35**
Reservoir Rd. *Stro* —1H **27**
Retreat, The. *Sel* —6H **33**
Retreat, The. *Tuf* —3G **27**
Ribble Clo. *Brockw* —6E **23**
Richards Rd. *Chel* —3E **5**
Richmond Av. *Glos* —5D **20**
Richmond Dri. *Chel* —6B **6**
Richmond Gdns. *Longl* —4D **10**
Richmonds, The. *A'dle* —1E **29**
Ridgemont Rd. *Stro* —4F **35**
Ridgemount Clo. *Brockw* —6C **22**
Ridings, The. *Mais* —2D **8**
Rippledale Clo. *Chel* —1B **14**
Rissington Clo. *Chel* —1B **14**
Rissington Rd. *Tuf* —3H **27**
Rivelands Rd. *Swin* —6A **2**
River Leys. *Chel* —2C **4**
Rivermead Clo. *Glos* —5H **9**
Riverside Clo. *Chel* —3C **16**
Riversley Rd. *Glos* —1C **20**
Riversmeet. *Brockw* —6E **23**
Riverview Way. *Chel* —4D **4**
Robbers Rd. *Rand* —1F **33**
Robbins Clo. *Ebl* —4C **34**
Robert Burns Av. *Chel* —2A **14**
Robert Raikes Av. *Tuf* —3G **27**
Roberts Clo. *Bis C* —1E **3**
Robertson Rd. *Shur* —1A **24**

Roberts Rd. *Inn* —2F **11**
Roberts Rd. *Pres* —4E **7**
Robin Ct. *S'hse* —2C **32**
Robinhood St. *Glos* —4G **19**
Robins Clo. *Chel* —5B **6**
Robins End. *Inn* —2E **11**
Robinson Rd. *Glos* —4G **19**
Robinswood Gdns. *Glos* —1B **28**
Rochester Clo. *Chel* —4D **14**
Rockleigh Clo. *Tuf* —2H **27**
Rodborough Av. *Stro* —4C **34**
Rodborough Hill. *Stro* —4C **34**
Rodborough La. *Stro* —5D **34**
Rodney Clo. *Longl* —5C **10**
Rodney Rd. *Chel* —6G **5**
Rolleston Way. *Chel* —2C **14**
Roman Hackle Av. *Chel* —2F **5**
Roman Rd. *Abb* —5F **21**
Roman Rd. *Chel* —6F **4**
Roman Way. *Brockw* —5D **22**
Romney Clo. *Glos* —6H **19**
Rookery Rd. *Inn* —3D **10**
Roosevelt Av. *Char K* —1B **16**
Roseberry Av. *Glos* —6H **19**
Rose & Crown Pas. *Chel* —5G **5**
Rosedale Av. *S'hse* —3C **32**
Rosehill Rise. *Chel* —3H **5**
Rosehill St. *Chel* —1A **16**
Rosehip Ct. *Up Hat* —5D **14**
Rosemary Clo. *A'dle* —1D **28**
Rothermere Rd. *Chel* —4C **14**
Rothleigh. *Up Hat* —4B **14**
Rotunda Ter. *Chel* —1F **15**
Rowanfield Exchange. *Chel* —5D **4**
Rowanfield Rd. *Chel* —6D **4**
Rowan Gdns. *Brockw* —4C **22**
Rowans, The. *W'cte* —2G **3**
Rowan Way. *Up Hat* —4C **14**
Rowcroft. *Stro* —3C **34**
Rowcroft Retreat. *Stro* —3C **34**
Roxton Dri. *Red T* —2H **13**
Royal Ct. *Chel* —5A **4**
Royal Cres. *Chel* —6G **5**
Royal Oak M. *Chel* —5G **5**
Royal Oak Rd. *Glos* —1G **19**
Royal Pde. *Chel* —1F **15**
(off Parabola Rd.)
Royal Pde. M. *Chel* —1F **15**
Royal Well La. *Chel* —6G **5**
Royal Well Pl. *Chel* —6G **5**
Royal Well Rd. *Chel* —6G **5**
Rudge, The. *Mais* —1E **9**
Rudhall Ct. *Glos* —1F **19**
(off Westgate St.)
Rumsey Clo. *A'dle* —1F **29**
Runnings Rd. *Swin* —1D **4**
Runnings, The. *Chel* —1E **5**
Runnymede. *Up Hat* —4B **14**
Rushworth Clo. *Chel* —5A **4**
Rushworth Ho. *Chel* —5A **4**
Rushy Ho. *Chel* —3B **6**
Rushy M. *Chel* —3B **6**
Ruspidge Clo. *Abb* —6F **21**
Russell Pl. *Chel* —4F **5**
Russell St. *Chel* —4F **5**
Russell St. *Glos* —2H **19**
Russell St. *Stro* —3D **34**
Russet Clo. *Tuf* —2E **27**
Russet Rd. *Chel* —4C **4**
Rustic Clo. *Glos* —6D **20**
Rutherford Way. *Swin* —2D **4**
Rydal Rd. *Longl* —5C **10**
Rydal Wlk. *Chel* —2B **14**
Ryder Row. *Inn* —3F **11**
Rye Av. *Chel* —2A **4**
Ryecroft St. *Glos* —3A **20**
Ryeford Ind. Est. *Rye* —4D **32**
Ryeford Rd. (North). *S'hse* —4D **32**
Ryelands. *Tuf* —2F **27**
Ryelands Clo. *S'hse* —2B **32**
Ryelands Clo. *S'hse* —2B **32**
Ryelands, The. *Rand* —1H **33**
Ryeleaze Rd. *Stro* —3D **34**
Ryeworth Dri. *Char K* —2C **16**
Ryeworth Rd. *Char K* —2C **16**

Sackville App. *Chel* —3G **5**
Saddlers Rd. *Qued* —3C **26**
Saffron Clo. *Glos* —6B **20**
Sage Clo. *C'dwn* —3G **11**
St Aidan's Clo. *Chel* —5B **4**
St Alban's Clo. *Chel* —4D **14**
St Albans Rd. *Glos* —6F **19**
St Aldate St. *Glos* —1H **19**
St Aldwyn Rd. *Glos* —5A **20**
St Andrews Grn. *C'dwn* —4A **12**

St Anne's Clo. Brockw —5C 22
St Annes Clo. Chel —5A 6
St Anne's Rd. Chel —6H 5
St Anne's Ter. Chel —6H 5
St Ann Way. Glos —3G 19
St Barnabas Clo. Glos —1H 27
St Brendan's Rd. Stro —3F 35
Saintbridge Clo. Glos —6D 20
Saintbridge Pl. Glos —6C 20
St Catherine St. Glos —6H 9
St Cyrils Rd. S'hse —3C 32
St Davids Clo. Chel —3D 14
St David's Clo. Tuf —2F 27
St Edward's Wlk. Chel —2B 16
St Francis Way. Glos —3E 11
St George's Av. K Stan —6D 32
St Georges Bus. Pk. Chel —5D 4
St George's Clo. Chel —5E 5
St George's Clo. K Stan —6D 32
St George's Clo. Tuf —2F 27
St George's Dri. Chel —5E 5
St George's Pl. Chel —6G 5
St George's Rd. Brockw —6D 22
St George's Rd. Chel —6F 5
St George's Sq. Chel —5G 5
St George's St. Chel —5G 5
St George's Ter. Chel —6F 5
St Giles Ct. Mais —2D 8
St James'. Qued —4C 26
St James Cen., The. Qued —4C 26
St James Clo. Qued —4C 26
St James Pl. Chel —2F 15
St James Sq. Chel —5G 5
St James St. Chel —6H 5
St James St. Glos —3B 20
St John's Av. Chel —6H 5
St John's Av. C'dwn —3H 11
St John's Clo. Bis C —1E 3
St John's La. Glos —1H 19
St Judes Wlk. Chel —3A 16
St Kilda Pde. Glos —2A 20
St Lawrence Rd. Glos —4E 21
St Leonards Clo. Upton L —3F 29
St Luke's Pl. Chel —1H 15
St Luke's Rd. Chel —1H 15
St Luke St. Glos —3G 19
St Margaret's Rd. Chel —5G 5
St Margarets Rd. Huc —3G 21
St Margaret's Ter. Chel —5G 5
St Mark's Ct. Glos —6A 10
St Mark St. Glos —6H 9
St Mary's Clo. Glos —1H 19
St Mary's Sq. Glos —1G 19
St Mary's St. Glos —1H 19
St Mary's St. Pain —5H 31
St Matthews Ct. Stro —4H 33
St Michaels Av. Bis C —2F 3
St Michaels Pl. Stro —2G 33
St Michael's Rd. Chel —3E 15
St Michael's Sq. Glos —2H 19
St Nicholas Ct. Glos —1G 19
(off Archdeacon St.)
St Nicholas Ct. Hard —6B 26
St Nicholas Dri. Chel —2G 5
St Nicholas Sq. Glos —1G 19
St Oswalds Rd. Glos —6G 9
St Paul's Ct. Glos —3H 19
St Paul's La. Chel —4G 5
St Paul's Pde. Chel —5G 5
St Paul's Rd. Chel —4F 5
St Paul's Rd. Glos —3H 19
St Paul's St. N. Chel —5G 5
St Paul's St. S. Chel —5G 5
St Peter's Clo. Chel —3D 4
St Peter's Rd. Mat —2D 28
St Peter's Sq. Chel —3D 4
St Philips Ct. Glos —4G 19
St Phillip's Clo. Huc —3H 21
St Phillip's St. Chel —2G 15
St Stephen's Clo. Chel —2E 15
St Stephen's Rd. Chel —2E 15
St Swithin's. Leon S —6B 32
St Swithuns Rd. H'std —5D 18
St Vincent Way. C'dwn —1H 11
Salamanca Rd. Chel —5C 6
Salisbury Av. Chel —3C 14
Salisbury Rd. Glos —3B 20
Salix Ct. Up Hat —5D 14
Salmons Springs Trad. Est. Stro —1C 34
Salvia Clo. C'dwn —3G 11
Sandalwood Dri. H'std —4E 19
Sandfield Rd. C'dwn —5C 12
Sandford Mill Clo. Chel —2A 16
Sandford Mill Rd. Chel —2A 16
Sandford Pk. Trad. Est. Chel —1H 15
Sandford Rd. Chel —1G 15
Sandford St. Chel —1H 15
Sandford Way. Tuf —4E 27
Sandhurst Rd. Char K —3C 16
Sandhurst Rd. Glos —5H 9
(in two parts)
Sandown Lawn. C'dwn —3H 11
Sandown Rd. Bis C —1E 3
Sandpiper Clo. Qued —4A 26
Sandpits La. Wtrp —1F 33
Sandringham Av. Tuf —4F 27
Sandringham Ct. Chel —2A 16
Sandstar Clo. Longl —4E 11
Sandycroft Rd. C'dwn —2H 11
(in two parts)
Sandy La. Char K —4A 16
Sandy La. Rd. Char K —4A 16
Sandyleaze. Glos —6E 11
Sandy Pluck La. Shur —3G 23
Sappercombe La. Char K —4C 16
Sapperton Rd. Glos —6A 20
Sapphire Clo. Tuf —3E 27
Saturn Clo. Abb —5G 21
Savernake Rd. Glos —4B 20
Saville Clo. Chel —3H 5
Saxon Clo. Longl —4D 10
Saxon Way. Chel —1B 16
Sayers Cres. Brockw —6D 22
Saylittle M. Longl —4F 11
School La. Hard —5A 26
School La. Shur —1B 24
School La. Sthm —5H 3
School Mead. Chel —5D 4
School Rd. Bis C —1F 3
School Rd. Char K —3C 16
School Sq. Sel —6H 33
(off Bell La.)
Scott Av. Glos —1F 27
Scott Ho. Chel —4B 4
Scott Ho. Glos —3G 19
Seabright Clo. Chel —2B 4
Seabroke Rd. Glos —6A 10
Seabrook Rd. Brockw —6D 22
Seacombe Rd. Chel —5A 4
Sebert St. Glos —6A 10
Sedgewick Gdns. Up Hat —3A 14
Sedgley Clo. Tuf —3F 27
Sedgley Rd. Bis C —1E 3
Sefton Wlk. Up Hat —3A 14
Selbourne Rd. Bis C —1E 3
Selkirk Clo. Chel —5A 6
Selkirk Ct. Chel —5A 6
Selkirk Gdns. Chel —5A 6
Selkirk St. Chel —5A 6
Sellars Rd. Hard —6A 26
Selsley Hill. Sel —6H 33
Selworthy. Up Hat —4B 14
Selwyn Clo. Rye —5D 32
Selwyn Rd. Glos —6A 20
Seneca Way. Chel —2E 5
Serlo Rd. Glos —6H 9
Sevelm. Up Hat —4B 14
Seven Posts All. Pres —3C 6
Seventh Av. Tuf —3G 27
Seven Waters. Leon S —6A 32
Severn Clo. Mais —2E 9
Severn Oaks. Qued —6C 26
Severn Rd. Chel —5B 6
Severn Rd. Glos —2G 19
Severn Rd. S'hse —2B 32
Severnside Trad. Est. H'std —2F 19
Severnvale Dri. Qued —4B 26
Seymour Rd. Glos —5G 19
Shackleton Clo. C'dwn —4A 12
Shaftesbury Ind. Est. Chel —1E 5
Shaftesbury Pl. Chel —5A 4
(off Marsland Rd.)
Shakespeare Av. Glos —1F 27
Shakespeare Rd. Chel —5B 4
Shambles, The. Stro —3D 34
Shamrock Clo. C'dwn —3G 11
Shaw Grn. La. Pres —2C 6
Shearwater Gro. Inn —3E 11
Sheepscombe Clo. Chel —1B 14
Sheevaun Clo. Longl —4E 11
Shelburne Rd. Chel —2C 14
Shelley Av. Chel —6B 4
Shelley Av. Glos —1F 27
Shelley Rd. Chel —6B 4
Shepherd Rd. Glos —2E 27
Shepherds Clo. Chel —3A 4
Shepherds Clo. Stro —2E 35
Shepherds Croft. Stro —2E 35
Shepherds Way. C'dwn —2G 11
Sherborne Clo. S'hse —2C 32
Sherborne Ho. S'hse —2C 32
Sherborne Pl. Chel —6H 5
Sherborne St. Chel —5H 5
Sherborne St. Glos —6A 10
Shergar Clo. A'dle —1E 29
Sherwood Grn. Long —3A 10
Shipway Ct. Bis C —1E 3
Short St. Chel —3F 15
Shrublands. Char K —4A 16
Shurdington Rd. Brockw & Shur —6E 23
Shurdington Rd. Chel —5C 14
Sidney St. Chel —6H 5
Sidney St. Glos —2B 20
Silcock Clo. C'dwn —2G 11
Silver Birch Clo. Qued —4B 26
Silver Clo. Tuf —2F 27
Silverdale Pde. Huc —3G 21
Silverthorn Clo. Chel —4E 15
Silverwood Way. Up Hat —4B 14
Simmonds Rd. Huc —4G 21
Simon Rd. Longl —4D 10
Sims La. Qued —2D 26
Sinclair Rd. Shur —2A 24
Sinope St. Glos —2A 20
Sissinghurst Gro. Up Hat —4D 14
Sisson End. Glos —1E 21
Sisson Rd. Glos —1D 20
Sivell Clo. Glos —3B 10
Six Acres. Upton L —2G 29
Skillicorne M. Chel —1D 14
Skinner St. Glos —6H 9
Skylark Way. A'dle —6C 20
Slade Brook. Stro —2F 35
Slad La. Stro —2G 35
Slad Rd. Stro —3D 34
Slaney St. Glos —4A 20
Slimbridge Rd. Tuf —2G 27
Smithwood Gro. Char K —5B 16
Smythe Rd. Swin —1E 5
Snead Pk. Abb —6G 21
Sneedhams Rd. Mat —3C 28
Snowdon Gdns. C'dwn —2H 11
Snowdrop Clo. Abb —6F 21
Snowshill Clo. Barn —4E 21
Snowshill Dri. Barn —4F 21
Snowshill Dri. Bis C —2D 2
Sochi Ct. Chel —5B 4
Solway Rd. Chel —4A 4
Somergate Rd. Chel —3A 4
Somerset Av. Chel —5D 4
Somerset Pl. Glos —3G 19
Somme Rd. Chel —5C 6
Sorrel Clo. Glos —1B 28
Southam La. Sthm —5E 3
Southam Rd. Pres —1D 6
Southbrook Rd. Glos —2D 20
South Clo. Longl —5C 10
Southcourt Clo. Chel —4G 15
Southcourt Dri. Chel —4G 15
Southern Av. Tuf —1H 27
Southern Rd. Chel —5H 15
Southfield App. Chel —5H 15
Southfield Clo. Chel —5H 15
Southfield Mnr. Pk. Char K —6A 16
Southfield Rise. Chel —5H 15
Southfield Rd. Glos —1H 27
Southgate Cres. Stro —5B 34
Southgate Dri. Chel —2A 16
Southgate Gdns. Stro —5B 34
Southgate St. Glos —3G 19
South View. Ebl —3G 33
S. View Way. Pres —3D 6
Southwood La. Chel —1F 15
Sovereign Ct. Glos —1A 20
Spa Rd. Glos —2G 19
Spartan Clo. Abb —5F 21
Spa Vs. Glos —3H 19
Speedwell Clo. Abb —6F 21
Spencer Clo. Huc —4G 21
Spenser Av. Chel —6B 4
Spenser Rd. Chel —6B 4
Spider La. Stro —4E 35
Spillman's Pitch. Stro —4B 34
Spillman's Rd. Stro —4B 34
Spindles, The. Chel —5E 15
Spinnaker Rd. Glos —3F 19
Spinney Rd. Barn —4F 21
Spinney, The. Chel —3H 5
Spire Way. Barn —3E 21
Spread Eagle Rd. Glos —1H 19
Springbank Clo. Chel —3A 4
Springbank Dri. Chel —4A 4
Springbank Gro. Chel —4A 4
Springbank Rd. Chel —4A 4
Springbank Shopping Cen. Chel
(off Springbank Way) —3B 4
Springbank Way. Chel —3A 4
Springfield. Hard —6B 26
Springfield. Stro —4B 34
Springfield Clo. Red T —2G 13
Springfield Rd. Stro —2G 33
Springfield Rd. Upl —2D 34
Spring La. Pres —1C 6
Spring La. Stro —4D 34
Springwell Gdns. C'dwn —2A 12
Square, The. S'hse —2C 32
Square, The. Stro —2D 34
Squirrel Clo. Qued —6B 26
Stables, The. Pres —3E 7
Staites Orchard. Upton L —2F 29
Stamages La. Pain —6H 31
Stamp's Meadow. Long —4A 10
Stancombe Gro. Up Hat —4D 14
Stanleigh Ter. Mais —2D 8
Stanley Pk. Sel —6H 33
Stanley Pl. Chel —4A 4
Stanley Rd. Bat —1B 16
Stanley Rd. Glos —5H 19
Stanley Ter. Glos —4H 19
Stanley, The. Upton L —4G 29
Stanley View. Dud —5A 34
Stanley Wlk. Upton L —4G 29
Stanmoor. A'dle —2F 29
Stansby Cres. C'dwn —3H 11
Stansted Ho. Glos —1G 19
Stanton Rd. Stro —2H 33
Stantons Dri. Swin —6A 2
Stanton Way. Chel —1B 14
Stanway Rd. Chel —1A 14
Stanway Rd. Glos —4D 20
Stanwick Cres. Chel —2E 5
Stanwick Dri. Chel —2E 5
Stanwick Gdns. Chel —3E 5
Starling Ct. S'hse —2C 32
Station App. Glos —1A 20
Station Clo. C'dwn —4C 12
Station Rd. Bis C —1E 3
Station Rd. C'dwn —5B 12
Station Rd. Glos —1H 19
Station Rd. Stro —3C 34
Station St. Chel —5F 5
Station View. Olde —2A 32
Staunton Clo. Abb —1F 29
Steadings Bus. Cen., The. Mais —1D 8
Steeple Clo. Barn —3F 21
Stella Way. Bis C —1C 2
Stepping Stone La. Pain —6G 31
Sterling Ct. Chel —5E 5
Stevans Clo. Long —4B 10
Stewarts Mill La. Abb —1F 29
Stirling Way. Tuf —3E 27
Stirrup, The. Stro —3G 33
Stockley Way. Upton L —6E 29
Stockton Clo. Char K —5A 16
Stockwell La. W'cte —2H 3
Stoke Orchard Rd. Bis C —1A 2
Stoke Rd. Bis C —1C 2
(in two parts)
Stonechat Av. A'dle —6D 20
Stone Clo. Barn —4F 21
Stonecroft Clo. Bis C —1D 2
Stonedale Rd. S'hse —2A 32
Stonehenge Rd. Glos —4C 20
Stonehouse Commercial Cen. S'hse —3A 32
Stoneleigh Clo. Chel —6G 15
Stone Manor. Stro —3F 35
Stoneville St. Chel —5F 5
Stoney Field. H'nam —4B 8
Storrington Pl. S'hse —3C 32
Storrington Rd. S'hse —3C 32
Stow Ct. Chel —6D 4
Stowell M. Barn —4E 21
Strachans Clo. Stro —3B 34
Strand, The. Chel —6H 5
Stratford Clo. Glos —1F 27
Stratford Ct. Stro —3C 34
Stratford Rd. Stro —2A 34
Stratton Rd. Glos —3A 20
Streamside. Bis C —1E 3
Streamside. Stro —3D 34
Street, The. Leon S —6B 32
Strickland Rd. Chel —1A 16
Stringer's Clo. Stro —5B 34
Stringer's Dri. Stro —5B 34
Stroud Rd. Glos & Tuf —3G 19
Stroud Rd. Pain —6G 31
Stroudwater Bus. Pk. S'hse —3A 32
Studland Dri. Pres —3D 6
Stump La. Huc —2B 22
Sudbrook Trad. Est. Glos —3G 19
Sudbrook Way. Glos —6C 20
Sudgrove Pk. Abb —6F 21
Sudmeadow Rd. H'std —1E 19
Suffolk Ho. Chel —1F 15

Suffolk M. *Chel* —1G **15**
Suffolk Pde. *Chel* —1G **15**
Suffolk Pl. *Chel* —1F **15**
Suffolk Rd. *Chel* —2F **15**
Suffolk Sq. *Chel* —1F **15**
Suffolk St. *Chel* —2G **15**
Sulgrave Clo. *Tuf* —4F **27**
Summer Clo. *Stro* —3F **35**
Summer Cres. *Stro* —3F **35**
Summerfield Clo. *Chel* —2C **4**
Summerland Dri. *C'dwn* —4B **12**
Summer St. *Stro* —3E **35**
Sunderland Ct. *C'dwn* —4B **12**
Sunnycroft. *Glos* —6H **19**
Sunnycroft Clo. *Bis C* —2F **3**
Sunnyfield La. *Up Hat* —4H **13**
Sunnyfield Rd. *Hard* —5A **26**
Sunnyhill. *Stro* —2G **33**
(in three parts)
Sunset La. *Sthm* —5H **3**
Sun St. *Chel* —4F **5**
Surrey Av. *Chel* —5C **4**
Sussex Av. *Chel* —5D **4**
Sussex Gdns. *Huc* —4A **22**
Sutton Gdns. *Chel* —3E **35**
Swallow Cres. *Inn* —2E **11**
Swallowtail Clo. *Chel* —5A **4**
Swan Clo. *Glos* —1G **19**
Swan La. *Stro* —3D **34**
Swan Rd. *Glos* —6A **10**
Swanscombe Pl. *Up Hat* —4B **14**
Swanswell Dri. *Chel* —1B **14**
Sweetbriar Clo. *Bis C* —1D **2**
Sweetbriar Houses. *C'dwn* —5C **12**
Sweetbriar St. *Glos* —6H **9**
Swift Rd. *A'dle* —6E **21**
Swifts Hill View. *Stro* —1F **35**
Swindon Clo. *Chel* —4F **5**
Swindon La. *Swin & Chel* —1E **5**
Swindon Pl. *Chel* —5F **5**
Swindon Rd. *Chel* —2E **5**
Swindon St. *Chel* —4F **5**
Swordfish Clo. *C'dwn* —4B **12**
Sybil Rd. *Glos* —5A **20**
Sycamore Clo. *Glos* —6G **19**
Sycamore Ct. *Chel* —5A **4**
Sycamore Dri. *Stro* —2E **35**
Sydenham Rd. N. *Chel* —6A **4**
Sydenham Rd. S. *Chel* —1A **16**
Sydenham Ter. *Glos* —4H **19**
Sydenham Vs. *Chel* —1A **16**
Sydney. *S'hse* —1B **32**
Synagogue La. *Chel* —6G **5**

Tabernacle Wlk. *Rod* —6B **34**
Tainmor Clo. *Longl* —4F **11**
Talbot M. *Glos* —5G **19**
Talbot Rd. *Chel* —1D **14**
Tall Elms Clo. *C'dwn* —4A **12**
Tallis Rd. *C'dwn* —1G **11**
Tamarisk Ct. *Chel* —5D **14**
Tamarisk M. Qued —4B **26**
(off Azalea Gdns.)
Tamar Rd. *Brockw* —6E **23**
Tamar Rd. *Chel* —5B **6**
Tandey Wlk. *Inn* —3F **11**
Tanners Clo. *Brockw* —5D **22**
Tanners La. *Chel* —4C **4**
Tanner's Rd. *Chel* —4C **4**
Tannery Clo. *Leon S* —6B **32**
Tansy Clo. *Abb* —6G **21**
Target Clo. *Stro* —3G **35**
Tarlton Clo. *Abb* —1F **29**
Tarrington Rd. *Glos* —4A **20**
Tatchley La. *Pres* —3C **6**
Taurus Clo. *Long* —4A **10**
Tayberry Gro. *Up Hat* —5C **14**
Taylors End. *Chel* —3E **15**
Taylors Ground. *Qued* —3C **26**
Teal Clo. *Qued* —4A **26**
Teasel Clo. *Long* —4A **10**
Tebbit M. *Chel* —5H **5**
Teddington Gdns. *Glos* —6C **20**
Telford Ho. *Chel* —4C **4**
Teme Rd. *Chel* —5B **6**
Temple Clo. *Barn* —3F **21**
Tennyson Av. *Glos* —1F **27**
Tennyson Rd. *Chel* —6B **4**
Tensing Rd. *Chel* —5H **15**
Tern Clo. *A'dle* —5D **20**
Terry Ruck Clo. *Chel* —5A **4**
Tetbury Rd. *Tuf* —4H **27**
Tewkesbury Rd. *Elm H* —1A **4**
Tewkesbury Rd. *Glos* —5A **10**
Thames Clo. *Chel* —5B **6**
Thatcher's End. *W'cte* —2G **3**

Theresa St. *Glos* —4G **19**
(in two parts)
Theyer Clo. *Brockw* —6D **22**
Thirlestaine Ho. Cotts. *Chel* —2G **15**
Thirlestaine Rd. *Chel* —2G **15**
Thirlmere Rd. *Chel* —2B **14**
Thistledown Clo. *Chel* —3A **4**
Thomas Moore Clo. *C'dwn* —1H **11**
Thomas Stock Gdns. *Abb* —5F **21**
Thomas St. *Glos* —3A **20**
Thomond Clo. *Chel* —2F **5**
Thompson Dri. *Chel* —5G **15**
Thompson Rd. *Stro* —2C **35**
Thompson Way. *Inn* —3E **11**
Thoresby Av. *Tuf* —4F **27**
Thornbury Clo. *Chel* —5E **5**
Thorncliffe Dri. *Chel* —1E **15**
Thornhaugh M. *Up Hat* —4B **14**
Thornhill Clo. *Glos* —6F **19**
Threadneedle St. *Stro* —3D **34**
Three Cocks La. *Glos* —1G **19**
Three Sisters La. *Pres* —4E **7**
Thrupp La. *Bow* —5F **35**
Thrush Clo. *A'dle* —5D **20**
Tibberton Gro. *Red T* —2G **13**
Tibbiwell. *Pain* —5H **31**
Tibbiwell Gdns. *Pain* —5H **31**
Tibbiwell La. *Pain* —5H **31**
Ticklestone La. *Pain* —6H **31**
Tidswell Clo. *Qued* —5C **26**
Tilney Rd. *Glos* —3G **5**
Timbercombe La. *Char K* —6C **16**
Timbercombe M. *Char K* —5C **16**
Timmis Clo. *Glos* —1D **28**
Timperley Way. *Up Hat* —4B **14**
Tintern Rd. *Tuf* —2G **27**
Tirley Clo. *Qued* —4B **26**
Tiverton Clo. *Chel* —4A **4**
Tivoli Cir. *Chel* —1F **15**
Tivoli La. *Chel* —1F **15**
Tivoli M. *Chel* —1F **15**
Tivoli Rd. *Chel* —2F **15**
Tivoli St. *Chel* —2F **15**
Tivoli Wlk. *Chel* —1E **15**
Tobyfield Clo. *Bis C* —2F **3**
Tobyfield La. *Bis C* —1E **3**
Tobyfield Rd. *Bis C* —1F **3**
Tommy Taylor's La. *Chel* —3G **5**
Tom Price Clo. *Chel* —6H **5**
Tone Dri. *Brockw* —6E **23**
Tower Clo. *Barn* —3E **21**
Townsend St. *Chel* —4F **5**
Trafalgar Dri. *C'dwn* —1G **11**
Trafalgar St. *Chel* —1G **15**
Trajan Clo. *Abb* —5G **21**
Tredworth Rd. *Glos* —4H **19**
Treelands Clo. *Chel* —4G **15**
Treelands Dri. *Chel* —4G **15**
Trent Rd. *Brockw* —6E **23**
Trevor Rd. *Huc* —5G **21**
Triangle, The. *Longl* —6D **10**
Tribune Pl. *Abb* —5F **21**
Trier Way. *Glos* —4B **20**
Trigg Dri. *Stro* —2H **33**
Trinity La. *Chel* —5H **5**
Trinity Rd. *Stro* —4E **35**
Trinity School La. *Chel* —5H **5**
Trowscoed Av. *Chel* —3G **15**
Trubshaw Ct. *C'dwn* —4B **12**
Tryes Rd. *Chel* —3F **15**
Tudor Ct. *Glos* —6B **10**
Tudor Ct. *Leon S* —6B **32**
Tudor Lodge Dri. *Chel* —2F **15**
Tudor Lodge Rd. *Chel* —3F **15**
Tudor St. *Glos* —5F **19**
Tuffley Av. *Glos* —5F **19**
Tuffley Cres. *Glos* —6F **19**
Tuffley La. *Tuf* —2E **27**
Tuffley Trad. Est. *Glos* —1E **27**
Tulworths, The. *Glos* —4C **10**
Tunacre. *H'nam* —4A **8**
Turkdean Rd. *Chel* —1B **14**
Turners Clo. *H'nam* —5A **8**
Tweenbrook Av. *Glos* —5H **19**
Two Hedges Rd. *Bis C* —2E **3**
Twyver Bank. *Upton L* —2G **29**
Twyver Clo. *Upton L* —2G **29**
Tylea Clo. *Red T* —2H **13**
Tyndale Rd. *Chel* —3H **21**
Tynings Ct. *C'dwn* —4C **12**

Ullenwood Rd. *Glos* —4E **21**
Ullswater Rd. *Chel* —2B **14**
Undercliff Av. *Chel* —6G **15**
Undercliff Ter. *Chel* —6G **15**
Underhill Rd. *Mat* —1D **28**

Union St. *Chel* —5H **5**
Union St. *Glos* —6A **10**
Union St. *Stro* —3D **34**
Unwin Clo. *Chel* —2H **13**
Unwin Rd. *Chel* —2H **13**
Uphill Pl. *Glos* —6G **19**
Uplands Rd. *Stro* —2D **34**
Up. Bath St. *Chel* —2G **15**
Up. Church Rd. *Stro* —3H **33**
Up. Dorrington Ter. *Stro* —4E **35**
Upperfield Rd. *King T* —2D **4**
Up. Hatherley Way. *Up Hat* —3A **14**
Up. Leazes. *Stro* —3E **35**
Up. Mill La. *Pres* —2E **7**
Up. Mills Ind. Est. *S'hse* —4C **32**
Up. Norwood St. *Chel* —3F **15**
Up. Park St. *Chel* —1A **16**
Up. Quay St. *Glos* —1G **19**
Up. Queens Rd. *S'hse* —3C **32**
Up. Springfield Rd. *Upl* —2D **34**
Up. Tynings. *C Grn* —2G **33**
Up. Washwell. *Pain* —4H **31**
Upton Clo. *Barn* —4F **21**
Upton Hill. *Upton L* —5E **29**
Upton La. *Abb* —6G **21**
Upton St. *Glos* —3A **20**
Usk Way. *Brockw* —6E **23**

Valerian Clo. *Abb* —4F **21**
Valley Cotts. *Upton L* —4H **29**
Valley La. *Upton L* —4H **29**
Valley View Rd. *Stro* —4F **35**
Vatch View. *Stro* —1F **35**
Vauxhall Rd. *Glos* —3A **20**
Vauxhall Ter. *Glos* —2A **20**
Vensfield Rd. *Qued* —3B **26**
Verbena Clo. *Abb* —6F **21**
Vernal Clo. *Abb* —6G **21**
Verney Clo. *Chel* —3H **15**
Verney Rd. *S'hse* —3C **32**
Verneys, The *Chel* —3H **15**
Vernon Pl. *Chel* —6H **5**
Vertican Rd. *Inn* —3E **11**
Vervain Clo. *C'dwn* —2H **11**
Vetch Clo. *Glos* —1D **28**
Viburnum View. *Abb* —6G **21**
Vicarage Clo. *C'dwn* —5B **12**
Vicarage Clo. *Shur* —1B **24**
Vicarage Ct. *Brockw* —6D **22**
Vicarage Gdns. *Brockw* —6D **22**
Vicarage Rd. *Glos* —4B **20**
Vicarage St. *Pain* —5H **31**
Victoria Ct. *Long* —3A **10**
Victoria Pl. *Chel* —1B **16**
Victoria Retreat. *Chel* —2G **15**
Victoria Rd. *Long* —3A **10**
Victoria St. *Chel* —4G **5**
Victoria St. *Glos* —3A **20**
Victoria St. *Pain* —5H **31**
Victoria Ter. *Chel* —6A **6**
Victory Clo. *C'dwn* —1H **11**
Victory Rd. *Glos* —4A **20**
Vigar Rd. *Hard* —6A **26**
Village Rd. *Chel* —3C **4**
Vilverie Mead. *Bis C* —1C **2**
Vincent Av. *Tuf* —4F **27**
Vine Ct. *Chel* —4F **5**
Vineries Clo. *Chel* —5F **15**
Vines, The. *Huc* —5A **22**
Vine Ter. *Glos* —6A **10**
Vineyard La. *Chel* —7H **5**
Vineyards Clo. *Char K* —5C **16**
Vittoria Wlk. *Chel* —1G **15**
Voxwell Clo. *Bis C* —2D **2**
Voyce Clo. *Tuf* —3G **27**
Vulcan Way. *Abb* —5G **21**

Waldrist Clo. *Chel* —2C **4**
Walham La. *Glos* —5G **9**
Walkley Rd. *Stro* —5B **34**
Wallbridge. *Stro* —3D **34**
Waller Dri. *Barn* —2F **21**
Walnut Clo. *Chel* —3H **5**
Walnut Clo. *A'dle* —2E **29**
Walnut Clo. *Chel* —3H **5**
Walton Clo. *Upton L* —2F **29**
Ward Av. *Inn* —3E **11**
Ward Clo. *Bis C* —1F **3**
Warden Hill Clo. *Chel* —3C **14**
Warden Hill Rd. *Chel* —3C **14**
Wards Rd. *Chel* —3A **14**
Warren Clo. *Chel* —3C **14**
Warren Clo. *C'dwn* —2H **11**
Warwick Av. *Tuf* —4F **27**
Warwick Clo. *Stro* —6B **34**
Warwick Cres. *Char K* —3C **16**

Warwick Pl. *Chel* —5H **5**
Wasley Rd. *Chel* —6B **4**
Waterfield Clo. *Chel* —2G **15**
Water La. *Char K* —3C **16**
Water La. *Sel* —6H **33**
Waterloo St. *Chel* —4E **5**
Watermans Ct. *Qued* —4A **26**
Watermead La. *Brockw* —1D **30**
Water Meadow. *Qued* —6B **6**
Watermoor Clo. *Chel* —3A **4**
Watermoor Ct. *C'dwn* —4A **12**
Watershoot Clo. *Pres* —2B **6**
Waterside Clo. *Qued* —4A **26**
Waters Reach. *H'std* —5E **19**
Water Wheel Clo. *Qued* —4A **26**
Watery La. *Upton L* —5G **29**
Watson Gro. *Abb* —6A **22**
Watts Clo. *Huc* —4A **22**
Waverley Rd. *Chel* —5A **4**
Wayridge, The. *A'dle* —1E **29**
Weald Clo. *Glos* —6D **20**
Weavers Rd. *Qued* —3C **26**
Wedgwood Dri. *Longl* —5D **10**
Weir Bri. Clo. *Glos* —3F **21**
Welch Rd. *Chel* —3B **4**
Welland Ct. *Chel* —3B **6**
Welland Dri. *Chel* —3B **6**
Welland Lodge Rd. *Chel* —3A **6**
Wellbrook Rd. *Bis C* —1E **3**
Well Cross Rd. *Glos* —1A **28**
Well End. *Stro* —1F **35**
Well End Rd. *Qued* —3C **26**
Weller Bungalows. *Glos* —1F **27**
Wellesley Rd. *Chel* —4G **5**
(in two parts)
Wellesley St. *Glos* —5A **20**
Wellington La. *Chel* —5H **5**
Wellington Pde. *Glos* —1A **20**
Wellington Rd. *Chel* —4H **5**
Wellington Sq. *Chel* —4H **5**
Wellington St. *Chel* —6G **5**
Wellington St. *Glos* —2H **19**
Well Pl. *Chel* —6E **5**
Wells Clo. *Chel* —4C **14**
Wellsprings Rd. *Glos* —6D **10**
Wells Rd. *Glos* —2D **20**
Well Wlk. *Chel* —5G **5**
Welveland La. *Barn* —2F **21**
Welwyn M. *Up Hat* —4B **14**
Wendover Gdns. *Chel* —6E **5**
Wentworth Ct. *Chel* —4A **4**
Wentworth Clo. *Glos* —4C **10**
Wentworth Rd. *Chel* —4A **4**
Wesley Ct. *Chel* —2A **20**
Wesley Ct. *Stro* —3D **34**
Wesley Rd. *Leon S* —6B **32**
Wessex Dri. *Chel* —6C **6**
Westal Grn. *Chel* —1E **15**
Westal Pk. *Chel* —2E **15**
West App. Dri. *Chel* —3H **5**
Westbourne Dri. *Chel* —5A **6**
Westbourne Dri. *Hard* —6B **26**
Westbury Rd. *Chel* —4H **15**
Westbury Rd. *Tuf* —2G **27**
Westcote Rd. *Tuf* —4F **27**
Westdown Gdns. *Chel* —6A **6**
West Dri. *Chel* —4H **5**
West End La. *Huc* —5A **22**
Westend Pde. *Glos* —6F **9**
Westend Ter. *Glos* —6F **9**
Western Ct. *Chel* —6E **5**
Western Rd. *Chel* —6E **5**
West Field. *H'nam* —4A **8**
Westfield Av. *Brockw* —5C **22**
Westfield Rd. *Brockw* —5C **22**
Westfield Ter. *Long* —4H **9**
Westgate Galleria, The. *Glos* —6G **9**
Westgate St. *Glos* —1G **19**
Westland Rd. *Hard* —6A **26**
W. Lodge Dri. *Glos* —4E **21**
Westmead Rd. *Longl* —4E **11**
Westminster Clo. *Chel* —2A **16**
Westminster Glos. *Chel* —1C **20**
Weston Rd. *Glos* —4A **20**
Westover Ct. *C'dwn* —2A **12**
Westrip La. *Stro* —2G **33**
Westrip Pl. *Stro* —2G **33**
Westward Ct. *Ebl* —4G **33**
Westward Rd. *Ebl* —4G **33**
Westwood La. *Pres* —4E **7**
Wetherleigh Dri. *H'nam* —4B **8**
Weyhouse Clo. *Stro* —5E **35**
Whaddon Av. *Chel* —5B **6**
Whaddon Dri. *Chel* —5B **6**
Whaddon Rd. *Chel* —5A **6**
Whaddon Way. *Tuf* —4G **27**
Wharfdale Way. *S'hse* —4B **32**

INDEX TO PLACES OF INTEREST

with their map square reference